©

TYPES
d'Architecture Gothique.

TYPES
d'Architecture Gothique

empruntés

AUX ÉDIFICES LES PLUS REMARQUABLES CONSTRUITS EN ANGLETERRE
PENDANT LES XII, XIII, XIV, XV, ET XVI SIÈCLES,

et représentés

EN PLANS, ÉLÉVATIONS, COUPES ET DÉTAILS GÉOMÉTRAUX,

de manière

à compléter l'étude et à faciliter la construction pratique
des diverses variétés du style ogival

par

A. W. PUGIN,
ARCHITECTE ARCHÉOLOGUE.

traduit de l'Anglais par L. DELOBEL, L! COLONEL D'ARTILLERIE.
et publié avec approbation de l'Auteur.
la partie graphique revue par GODEFROID UMÉ, Architecte,
ancien pensionnaire en Allemagne et en Italie.

2.me VOLUME.

PARIS,	LIÈGE,
J. Baudry, Éditeur.	Même Maison,
Rue des Saints Pères, 15.	Place derrière St Paul, 6.

1867.

AVIS DE L'ÉDITEUR.

Dans la prévision que le traité tout récemment conclu entre les gouvernements d'Angleterre et de France, en vue d'assurer désormais les droits de la propriété littéraire et artistique, pourrait susciter quelqu'obstacle à la libre circulation de cette première traduction française des Types d'architecture gothique, *ouvrage commencé par feu Auguste Pugin, et continué par son fils Welby, j'ai cru devoir solliciter, de ce digne héritier des droits et des talents du célèbre architecte anglais, l'autorisation qui m'était nécessaire, pour donner à ma publication toutes les conditions voulues par la nouvelle loi française. Grâce à l'obligeante intervention de M. Robert Hill, ami de l'auteur, mes démarches à ce sujet ont été couronnées du succès le plus complet; car, non content de m'accorder, avec tout le désintéressement possible, l'autorisation de publier la traduction des œuvres de son père et des siennes, M. A. Welby Pugin a bien voulu y joindre l'expression de ses vœux les plus gracieux pour la réussite de mon entreprise, ainsi que la promesse, si flatteuse pour moi, de m'envoyer bientôt en cadeau plusieurs dessins inédits d'un haut intérêt pour l'art chrétien. Or, comme l'unique moyen pour moi de répondre dignement à la confiance de M. Pugin, c'était de faire en sorte que les belles gravures, qui ont valu aux ouvrages de son père et aux siens l'honneur d'être mis au premier rang parmi les productions architectonographiques de notre époque, ne perdissent pas trop de leur mérite originel par le fait de leur reproduction dans mon établissement, je n'ai négligé aucun soin, ni reculé devant aucun sacrifice pour tâcher d'y parvenir; et, afin de savoir jusqu'à quel point j'ai réussi à cet égard, j'ose faire ici appel à la parfaite compétence et à la libérale impartialité du savant directeur des* Annales archéologiques de France.

Que M. le lieutenant-colonel Delobel me permette d'associer ici à l'expression de ma reconnaissance envers M. A. Welby Pugin, celle de ma vive gratitude pour le service qu'il a bien voulu me rendre, en consacrant à la traduction du texte de cet ouvrage une partie de ses loisirs littéraires.

E. NOBLET.

Liége, le 20 avril 1852.

CONSIDÉRATIONS

SUR

L'ARCHITECTURE GOTHIQUE

ET SUR SON IMITATION PAR LES MODERNES;

PRÉCÉDÉES D'UNE

Notice sur les Œuvres archéologiques de feu Auguste Pugin.

La mort est venue terminer la noble carrière d'Auguste Pugin au moment où il mettait au jour les premières livraisons du tome II des *Types d'Architecture gothique*. L'art chrétien a perdu en lui l'une de ses plus vives lumières, l'un de ses rénovateurs les plus habiles, surtout au point de vue de l'application pratique ; et cette perte eût été bien plus vivement sentie encore, si notre illustre ami ne nous avait laissé, en l'héritier de son nom et de sa science, non-seulement un digne continuateur de l'œuvre sainte et nationale à laquelle il a consacré sa vie d'artiste, mais encore un des archéologues chrétiens les plus savants et les plus féconds de notre époque. (1)

---

(1) De tous les archéologues et architectes modernes, Auguste Pugin est le premier qui ait, en ce qui concerne le moyen âge, sérieusement compris et appliqué avec méthode le principe que : *Dans le domaine des arts d'imitation, un bon modèle est souvent plus utile que le traité le plus savant,*

Conformément au désir que son père en mourant lui avait témoigné, M. A. Welby Pugin s'est empressé d'achever la composition de ce second volume des *Types*; il n'a négligé aucun soin pour le rendre digne en tous points du premier; et le long retard apporté dans sa publication est uniquement dû à l'impossibilité où nous nous sommes trouvé, pour causes de santé et d'affaires, d'en terminer plus tôt la partie littéraire. En mettant aujourd'hui la dernière main à ce travail, nous considérons comme un devoir de rappeler brièvement ici les nombreux ouvrages dont feu notre illustre ami a enrichi l'architectonographie du moyen âge.

Longtemps avant que Pugin père se fût imposé la laborieuse tâche d'y pourvoir, les hommes de l'art avaient généralement senti le besoin d'avoir à leur disposition une collection de dessins géométraux, reproduisant d'une manière exacte et authentique les détails caractéristiques du style ogival. On avait alors déjà, il est vrai, publié de nombreux recueils de belles gravures, et dépensé force imagination et érudition en recherches historiques et en discussions scientifiques sur l'architecture chrétienne; mais, toutes précieuses qu'elles pussent être d'ailleurs pour les archéologues et pour les amateurs du grand monde, la plupart de ces publications n'étaient que d'une bien mince utilité aux architectes; et, en effet, au point de vue de l'application, quel profit ces derniers pouvaient-ils tirer, soit de ces dessins en perspective et de ces vues d'ensemble dans lesquels les détails sont à peine accusés, soit de ces dissertations

---

la théorie la plus transcendante. Il a, par ses travaux, rendu d'immenses services à la renaissance du vrai style chrétien, et la voie qu'il a ouverte est, depuis lors, généralement suivie par tout ce que l'Angleterre, la France, l'Allemagne et la Belgique comptent de travailleurs sérieux en archéologie; aussi cette noble science a-t-elle, depuis 20 ans, fait des progrès aussi rapides que certains. Architecte avant tout, Pugin père préféra la science pratique à la théorie spéculative. Convaincu, par les preuves nombreuses qu'il en avait sous les yeux, que les œuvres savantes des archéologues, ses devanciers, n'avaient point suffi pour donner aux architectes anglais des idées exactes sur le style ogival, il y pourvut en composant pour eux une série d'ouvrages qui constituent une véritable encyclopédie de l'architecture chrétienne; et c'est ainsi qu'il contribua beaucoup à former le goût de ses compatriotes et à mettre un terme aux choquantes hérésies dont ils s'étaient rendus coupables en fait de construction et restauration d'édifices gothiques.

La Belgique a trouvé, sous le rapport de l'érudition, sinon sous celui du style littéraire, un digne élève de l'illustre de Caumont dans l'auteur de l'*Histoire de notre architecture nationale;* mais elle attend encore un Pugin, et rien, à notre avis du moins, ne présage sa venue prochaine.

T.

ardues et si souvent hasardées sur l'origine de l'ogive, sur les caractères qui différencient entre eux les styles saxon et normand (1), enfin sur les prétentions rivales de l'Allemagne, de la France et de l'Angleterre en ce qui concerne la priorité d'invention du système ogival? (2) Ce qu'il fallait, et ce qui manquait complètement alors aux constructeurs et restaurateurs d'édifices gothiques, c'était un ouvrage d'un prix peu élevé et dans lequel ils pussent trouver, comme modèles à suivre, une collection de spécimens, empruntés aux constructions gothiques encore existantes, copiés fidèlement d'après nature, rendus en épures exactement cotées, et embrassant dans leur ensemble tous les détails que comportent, dans les différents genres d'édifices, les périodes ou transformations successives de ce beau style. Ayant eu le premier l'idée d'une publication de cette nature, nous en communiquâmes le plan, dès 1818, à Auguste Pugin, lorsqu'il vint à Lincoln pour y dessiner quelques édifices anciens qui devaient figurer dans le tome V des *Antiquités architecturales* de Britton, alors en cours de publication ; et cette idée fut si chaleureusement accueillie par lui, que

---

(1) Dans l'ouvrage que M. Edmond Sharpe a publié, en 1840, sous le titre de : *The seven periods of church architecture*, cet architecte prouve que, au lieu de cinq périodes admises dans l'architecture du moyen âge anglais par les architectes et archéologues, il faut en distinguer sept, savoir : la 1re. (*saxonne*), jusqu'en 1066 ; la 2e. (*normande*), de 1066 à 1145 ; la 3e. (*transitionnelle*), de 1145 à 1190 ; la 4e. (*à lancette*), de 1190 à 1245 ; la 5e. (*géométrique*), de 1245 à 1315 ; la 6e. (*curviligne*), de 1315 à 1360, et la 7e. (*rectiligne*), de 1360 à 1550.

Ces divisions répondent à celles françaises, sauf la *saxonne*, qui est notre *latine* ou *romane* primordiale, et la *curviligne*, qui est notre *renaissance*.

(*Extrait des* Annales archéologiques de France.)

(2) Un des plus savants archéologues anglais, M. Gally Knight, a reconnu, après de longues recherches, que, dans toutes les révolutions qui ont changé en France et en Angleterre la face de l'architecture, la France a toujours eu la priorité.

(Annales archéologiques.)

Nous doutons que les archéologues anglais admettent, sans réserve aucune, cette conclusion si absolue posée par M. Gally Knight, surtout en ce qui concerne les transformations successives du style ogival ; car s'il est vrai, ainsi que le prétend M. A. Beresford Hope, que le collège de Cantorbery et l'église de Cheadle sont construits dans le *style anglais du XIV*e. et non dans celui *français des XV*e *et XVI*e *siècles*, il s'ensuit évidemment que la priorité appartient aux Anglais en ce qui concerne le gothique tertiaire.

Il est vrai de dire que ce gothique est une dégénérescence relativement à celui des périodes précédentes, du moins en ce qui concerne les édifices ecclésiastiques.

T.

nous en arrêtâmes la réalisation immédiate sous le titre de *Spécimens d'Architecture gothique*. Suivant notre plan, chaque sujet représenté devait être accompagné d'une notice descriptive, et l'ouvrage, précédé d'un court essai sur la décadence de l'art chrétien en Angleterre, ainsi que sur les diverses tentatives faites par les modernes pour en amener la renaissance, serait terminé par un glossaire technique, puisé aux anciennes et meilleures sources, et ayant pour but de donner la clef de la terminologie, jusque-là fort peu connue, des éléments de l'architecture du moyen âge.

Il convient de faire remarquer ici que Pugin avait, dès 1816, publié en collaboration avec M. F. Mackensie et sous le même titre de Spécimens d'architecture gothique, un ouvrage composé de 61 planches, dont les sujets étaient, en majeure partie, empruntés aux anciens édifices d'Oxford ; mais cet ouvrage, malgré son analogie avec celui que nous publiâmes ensuite sous le même titre, n'avait pas la même utilité que ce dernier au point de vue de l'application pratique ; car, outre que plusieurs sujets n'offraient d'autre intérêt que celui d'être curieux, tous n'étaient représentés qu'en perspective, et ne pouvaient conséquemment pas servir de modèles aux architectes constructeurs et restaurateurs.

Le grand succès obtenu par le premier volume des nouveaux spécimens engagea Pugin à en composer un second, lequel parut vers la fin de 1822.

Aidé de M. John Britton pour la partie du texte, Auguste Pugin fit paraître, de 1825 à 1828, sous le titre de *Spécimens des Antiquités architectoniques de la Normandie*, un beau livre à gravures contenant, entre autres sujets curieux, plusieurs édifices de l'ancienne architecture domestique de cette contrée, remarquables par la richesse de leur construction, et offrant un intérêt tout particulier aux artistes anglais, à cause de leurs dissemblances, quant aux détails, avec les édifices de même genre et de même âge qui existent encore en Angleterre. C'était une idée heureuse que celle qui avait engagé notre infatigable ami à composer cet ouvrage ; car, par les moyens de comparaison qu'il fournissait ainsi à nos architectes et archéologues, il leur ouvrait une voie toute nouvelle d'étude et de progrès (1).

---

(1) La voie de comparaison, a dit Caylus, est pour l'antiquaire ce que les observations et l'expérience sont pour le physicien ; l'inspection de plusieurs monuments rapprochés avec soin en découvre l'usage, comme l'examen de plusieurs effets de la nature en dévoile le principe.

Voir l'introduction écrite par M. Britton pour cet ouvrage de Pugin sur les monumens de la Normandie. Nous en publierons prochainement la traduction française.

T.

Notons en passant, bien que cette production soit étrangère à l'archéologie chrétienne, que Pugin publia vers la même époque, de 1823 à 1828, les *Monumens publics de Londres illustrés* — le texte composé par M. Britton et les planches dessinées par les élèves de notre illustre ami, sous sa direction.

Encouragé par le succès de ses précédentes publications et plus que jamais convaincu de la haute utilité pratique de tout ouvrage conçu dans le même genre et sur le même plan que les *Spécimens*, Auguste Pugin se remit à l'œuvre et fit paraître, en janvier 1828, le tome I du présent ouvrage. Si l'on compare les *Spécimens* aux *Types*, on trouve, il est vrai, qu'une même idée, un même principe a présidé à leur composition, et que le dernier, ainsi que nous l'avons déjà dit, n'est, à proprement parler, que la continuation, le complément du premier; mais on doit reconnaître, en faveur des Types, un plus grand fini dans l'exécution graphique, un choix plus heureux des sujets et un groupement de ceux-ci plutôt coordonné d'après la situation géographique des édifices qu'ils reproduisent, que d'après tout autre classement méthodique qu'on aurait pu leur donner; et c'est précisément à cause de cette disposition des planches, que l'on crut nécessaire de mettre en tête du premier volume des Types l'*essai* qu'on y a lu et d'accompagner chaque sujet d'une notice historique et descriptive (1).

En 1830, notre illustre ami mit sous presse un recueil de *Vues illustrées des monuments gothiques*, considérés par lui comme des types en leur genre. Cet ouvrage se compose de 25 planches, gravées sur pierre par M. Joseph Nash, élève de Pugin, d'après des esquisses faites d'après nature sous la direction du maître, et ac-

---

(1) M. Willson prend ici pour une qualité ce que nous considérons comme un défaut. A notre avis, le groupement géographique n'a sa raison d'être dans un ouvrage d'archéologie que quand l'auteur a pour but de constater les influences locales et extérieures que cette science a subies dans la contrée que l'on considère. Hors de là, la meilleure méthode à suivre est celle du groupement des sujets d'après leurs genre, style et âge respectifs; et cela, afin d'en faciliter l'étude comparée, de faire mieux saisir les caractères architectoniques de chaque époque et de répandre plus de lumière sur toutes les nuances qui ont marqué les transitions. Si M. Willson avait suivi cette marche, il eût senti la convenance, pour atteindre le but purement pratique que s'était proposé Pugin, de faire dans le texte des *Types* une plus grande part à la critique technique, et il se serait, par contre, étendu avec moins de complaisance sur des faits historiques et généalogiques qui n'ont d'autre mérite que de flatter les familles dont les noms, titres et blasons y sont mentionnés.

T.

compagnées d'un texte descriptif dû à la plume de M. W. H. Leeds. Le but de cette publication était de satisfaire au désir manifesté par plusieurs souscripteurs aux *Types* d'avoir la représentation complète et en perspective de quelques-uns des édifices dont ce dernier ouvrage n'avait donné que des élévations et coupes géométrales et particielles, ou qui n'y figuraient que pour quelques traits de détail. Ces dessins pittoresques pouvaient assurément offrir de l'intérêt aux gens de goût et aux feseurs de collections, mais ils eussent été un hors-d'œuvre dans le cadre purement technique des Types ; ils en eussent dénaturé le caractère exclusivement scientifique, et c'est pourquoi l'auteur crut devoir en faire un ouvrage à part.

Auguste Pugin publia, de 1828 à 1831, sous le titre de *Ornements gothiques*, un recueil composé de 100 planches lithographiées et ayant pour sujets un grand nombre de fragments et spécimens de sculpture sur bois, appartenant aux différents âges et variétés du style gothique, empruntés à d'anciens édifices religieux et civils, et dont la plupart sont assez remarquables par la beauté du dessin et de l'exécution, pour mériter à tous égards de servir de modèles aux artistes modernes. On peut reprocher à cet ouvrage l'absence de toute méthode dans le classement des sujets, d'où résulte une certaine difficulté pour trouver ce qu'on y cherche ou ce qu'on y fait chercher par d'autres.

Dans le courant de la même année, 1831, notre infatigable ami mit la dernière main à un nouvel ouvrage, auquel il donna le titre de *Gables*, et qui consiste en 31 planches accompagnées d'un texte descriptif et représentant une collection de pignons en charpente ornementale. Il se trouve parmi ces Gables plusieurs spécimens extrêmement curieux de l'architecture domestique des XVme et XVIme siècles, de cette époque où la riche bourgeoisie avait coutume de manifester son opulence par l'édification de magnifiques maisons en charpente de chêne, toute couverte de sculptures et dont les claires-voies de membrure étaient revêtues d'un plâtrage blanc. C'est surtout à Coventry, ville bien connue de l'antiquaire anglais pour ses nombreuses maisons de ce genre, que l'auteur a choisi les principaux sujets de cette collection ; mais il a aussi emprunté à la cité française d'Abbeville quelques spécimens particulièrement remarquables en ce qu'ils offrent le mélange curieux de l'ornementation *Renaissance* greffée sur des membres purement gothiques. Grâce aux planches de cet ouvrage si parfaitement dessinées sous la direction de Pugin, par M. B. Ferrey, son élève, les annales de l'art conserveront les formes de ces précieuses reliques de l'architecture domestique du moyen âge, longtemps après que les originaux auront à jamais disparu sous les coups du temps et plus encore sous l'infatigable marteau de l'école moderne, de cette école qui ne nous semble si empressée de dénaturer ou détruire les édifices élevés par nos pères, que parce qu'elle n'en comprend ni la beauté réelle, ni la valeur historique.

Enfin, ainsi que nous l'avons dit en commençant cette notice, lorsque la mort vint, en décembre 1832, enlever Auguste Pugin aux arts et à ses amis, il travaillait au second volume des Types que nous publions aujourd'hui, après un long retard que nous regrettons d'autant plus que nous en avons été la cause involontaire.

Fidèle au but d'utilité pratique que s'était proposé son père, M. Welby Pugin (1) s'est astreint à emprunter la plupart des sujets de ce volume aux châteaux et autres édifices domestiques des dernières périodes du style gothique. On conçoit combien il lui eût été plus facile de le composer de types plus grandioses, en mettant à contribution nos splendides cathédrales et les belles églises collégiales si nombreuses encore en Angleterre; mais c'eût été faire fausse route, car les modèles de ce genre ne manquent point à nos architectes; ils peuvent aisément aller les étudier dans nos principales villes, sans compter qu'il en existe déjà de nombreuses et belles descriptions; tandis que ce qui leur manque souvent pour se guider dans leurs travaux de construction et de réparation, ce sont précisément les types de ces détails à la fois si variés, si riches et si curieux qui font la beauté caractéristique des châteaux et grandes maisons du moyen âge, et dont l'étude, d'après nature, leur présente de grandes difficultés, qui proviennent, non pas de la rareté de ces nobles reliques du temps passé, mais bien de ce qu'elles sont dispersées à de grandes distances les unes des autres, loin des routes battues, et souvent cachées dans les retraites les moins connues des débris de nos anciens domaines seigneuriaux ou religieux; et que, par conséquent, cette étude d'après nature exigerait, pour être complètement et utilement faite, des ressources et de longs pèlerinages qui ne sont point à la portée du plus grand nombre de nos jeunes artistes.

---

(1) Architecte plus éminent encore que le fut son père, M. Welby Pugin est en même temps l'un des archéologues les plus illustres de l'Angleterre; et c'est à juste titre que le savant directeur des ANNALES ARCHÉOLOGIQUES DE FRANCE lui a décerné le sceptre de la renaissance ogivale en Angleterre. M. Welby Pugin, a dit M. Didron aîné, ressuscite le moyen âge, corps et âme; il est aussi poète qu'architecte; il a mis une pensée dans chacune des pierres brutes et sculptées de l'église de Cheadle, son chef-d'œuvre.

T.

On trouvera donc dans ce tome II de nombreux types de portes, fenêtres, foyers, cheminées et autres membres de l'architecture civile et domestique du moyen âge; et, parmi ces détails, ceux que nous recommandons tout particulièrement à l'attention des architectes, ce sont les fenêtres, parce que c'est surtout dans l'imitation de ce trait caractéristique du style gothique qu'ils rencontrent les plus grandes difficultés et commettent les plus grosses hérésies. Il leur est généralement assez facile d'adapter la plupart des autres traits de ce style aux convenances des habitations modernes; mais que d'obstacles sérieux et souvent même insurmontables, quand il s'agit pour eux d'approprier, par exemple, à une construction conçue dans le goût du XIVe ou du XVe siècle, un système de fenestration qui ne nuise point au confort des appartements! et cela est si vrai, qu'il existe à peine encore un seul ancien château, une seule vieille abbaye ou grande maison dont le fenêtrage primitif n'ait point été mutilé ou défiguré sous prétexte d'amélioration; tandis, d'un autre côté, qu'il est bien rare de rencontrer un édifice moderne, en style gothique, dont le système des fenêtres ne laisse beaucoup à désirer sous le rapport de la correction. Que de fois l'homme de goût n'est-il pas choqué à la vue de l'absurde fenêtrage d'une bâtisse dont tous les autres membres architectoniques sont d'ailleurs convenablement traités ! Or, comme les fenêtres et leurs dépendances constituent un des caractères essentiels de la vieille architecture chrétienne, il est évident que de la pureté de leur agencement dépend essentiellement aussi la beauté de l'ensemble, le mérite absolu de toute construction de l'espèce. Il serait injuste toutefois de rendre nos architectes modernes responsables de toutes les fautes commises à cet égard et de les attribuer uniquement à leur manque de goût et de talent; et, en effet, il existe maintenant pour eux, dans la composition d'un édifice gothique, des difficultés nombreuses qui n'existaient pas pour leurs devanciers des siècles passés, ainsi que tendent à le faire comprendre les quelques considérations que voici :

Dans les anciens châteaux, les fenêtres extérieures étaient généralement fort étroites, très-petites et ne consistaient qu'en un seul jour : le castel de Herstmonceaux, la tour de Guy au château de Warwick et les tours de Raglan nous en fourniront ci-après de remarquables exemples. Ce genre de fenêtres donnait aux édifices plus de solidité et une apparence de plus grande force défensive; et c'était surtout en vue de la défense contre toute attaque venant de l'extérieur que les fenêtres étaient presque toujours fort élevées au-dessus du sol, et que, loin de chercher à se ménager des vues sur le paysage ou sur les localités environnantes, on établissait généralement le fenêtrage des principaux corps de logis à l'intérieur des cours et préaux enclos de murs. Malgré les inconvénients inhérents à un tel dispositif, la force de l'habitude, et sans doute aussi la vanité des propriétaires, en firent continuer l'application longtemps après que les causes qui en avaient nécessité l'adoption eurent complètement disparu; et c'est ainsi que le progrès social qui s'accomplit au temps d'Élisabeth et de Jacques Ier, en ce qui concerne la stabilité des institutions politiques et la police intérieure du royaume, n'amena aucun changement immédiat dans les constructions seigneuriales relativement à ce genre de précautions défensives. L'orgueil des anciennes familles s'attachait à conserver les apparences des priviléges de la féodalité. Les maisons de campagne ne cessèrent point d'être entourées de fossés munis de ponts-levis, et flanquées de simulacres de tourelles défensives; on ceignit, comme par le passé, les cours et jardins de murailles solides; et les fenêtres, quoique devenues très-grandes et nombreuses à l'excès, conservèrent néanmoins encore leurs épais meneaux en pierre et leur solide grillage en fer. (1)

Les verrières de ces fenêtres étaient composées de très-petites pannes de verre blanc ou de couleur; et comme celles-ci étaient montées en des résilles de plomb, leur agencement dans les différents jours n'offrait aucune difficulté, quelles que pussent être d'ailleurs les dimensions et les subdivisions de la baie. Quand on voulait, chose rare alors, se ménager un moyen d'ouverture ou de ventilation à travers une fenêtre, on se contentait de monter sur gonds et pentures l'armature de l'un des compartiments. Sauf de rares exceptions, ce mode de fenestration resta en usage jusqu'au règne de Charles II, époque à partir de laquelle les fenêtres subdivisées en jours étroits par des meneaux et croisillons de pierre furent remplacées par les châssis oblongs en bois de chêne empruntés à la Renaissance, c'est-à-dire au nouveau style italico-français. (2) Quelques années plus tard, les progrès réalisés par l'industrie verrière

---

(1) Les grands appartements du château de Hardwick, noble spécimen de l'architecture du temps d'Élisabeth et qui est maintenant la propriété du duc de Devonshire, sont éclairés par une profusion de fenêtres de ce genre, encore garnies de leurs anciennes verrières. Grâce au bon goût de ses propriétaires successifs, ce château a conservé sa physionomie primitive et n'a subi jusqu'à ce jour que d'insignifiantes modifications.

(2) L'emploi des fenêtres rectangulaires, divisées en croix simple, double ou triple par des croisillons, ne commença, dit M. Schayes, à se montrer qu'au XIVe siècle, et il devint général, à partir du siècle suivant, jusqu'au XVIIIe.

T.

amenèrent l'usage des grands carreaux ; et, bientôt après, l'invention des châssis à coulisses et à contre-poids vint compléter la réforme de ce membre architectonique dans les constructions civiles et domestiques. C'est aussi à partir de cette époque que l'on se mit à l'œuvre pour transformer en grandes baies rectangulaires, propres à encadrer des châssis de menuiserie, un grand nombre de ces fenêtres anciennes qui fesaient le plus bel ornement des vénérables maisons et châteaux de nos pères.... et ces odieuses mutilations étaient alors considérées comme des preuves de bon goût ! (1)

De nos jours la plupart des artistes qui firent les premières tentatives pour amener la renaissance du style ogival s'inquiétèrent fort peu des règles et exigences du fenêtrage de ce style, bien que, nous le répétons, c'en soit un des traits les plus caractéristiques. Les fenêtres pseudo-gothiques qu'ils imaginèrent reçurent les formes les plus hideuses et les plus incommodes. L'ogive aiguë qui, de toutes les ogives, est assurément celle qui se prête le moins aux convenances des appartements domestiques, fut cependant celle qu'ils choisirent de préférence pour l'amortissement des baies. Les fenêtres n'étaient pour eux qu'un trait secondaire, un simple accessoire qui venait tant bien que mal se caser sur l'échiquier des façades ; et c'est ainsi que l'on vit de monotones rangées de longues fenêtres rectangulaires en simple menuiserie, prendre place d'une manière quelconque au milieu d'une incroyable profusion de contreforts, créneaux et pinacles — témoignage évident de l'impuissance de ces artistes à saisir les rapports harmoniques qui existent si manifestement entre les différents membres et traits de l'architecture gothique, et, par conséquent, à savoir imprimer à l'ensemble de leurs compositions ce beau caractère d'unité synthétique qui commande notre admiration à l'aspect des chefs-d'œuvre de l'art chrétien. Avec des éléments si discordants, il n'est point, on le conçoit, d'harmonie d'effet possible, et c'est, en effet, là ce qui heurte l'homme de goût à l'aspect de ces constructions hybrides, dont nous pourrions, hélas ! citer ici trop d'exemples, si le désir de ne blesser personne ne nous en empêchait.

---

(1) C'est ainsi que vers la fin du XVIIe siècle on défigura le fenêtrage de l'une des façades du château de Herstmonceaux. L'auteur du *Voyage en Grande Bretagne*, publié en 1742 (voir tome III, page 37, 3me. édition), loue très-fort, à propos du château de Burleigh, près Stamford, le goût exquis et le génie architectonique de Jean, comte d'Exeter, mort en 1700 ; et cela, parceque ce personnage avait transformé le vieux fenêtrage gothique de son castel en grandes et laides fenêtres du genre ici en question. Grâce à Dieu, on a depuis lors fait justice de cette profanation, et rendu à ce splendide édifice une grande partie de sa physionomie primitive.

Grâce au grand mouvement archéologique qui s'est produit depuis quelque temps en Europe, grâce surtout, en ce qui concerne l'Angleterre, à l'excellente direction à la fois scientifique et pratique que les illustres Pugin et quelques autres architectes et archéologues éminents ont su imprimer à l'école dont ils sont les chefs, grâce enfin à la réforme du goût qui en a été la conséquence naturelle, il s'est manifesté, dans ces dernières années, un retour bien marqué vers les traditions de l'art gothique, et c'est surtout dans les constructions et restaurations les plus récentes que plusieurs architectes de cette école ont fait preuve d'une grande habileté en ce qui concerne la fenestration. A l'appui de cette assertion, nous mentionnerons ici avec éloge des fenêtres à meneaux et croisillons en pierre, garnies de châssis de bronze ou de cuivre, qui sont de fort bon goût et que nous préférons de beaucoup à ces autres fenêtres généralement en usage et qui consistent, soit en verrières montées dans des encadrements de bois peinturé de manière à simuler la pierre, soit en châssis de menuiserie fixés en arrière de meneaux de pierre ; et cela, parce qu'une fenêtre tout en boiserie n'a généralement pas assez d'ampleur, n'est pas suffisamment étoffée dans ses détails pour simuler convenablement la pierre, tandis que celle en boiserie encadrée par des meneaux et traverses de pierre est, au contraire, d'une lourdeur qui contraste désagréablement avec le style si simple, si léger et si svelte de l'ancienne fenestration. On a construit et l'on construit encore beaucoup de fenêtres gothiques entièrement en fonte de fer ; mais comme pour produire l'effet voulu, il ne suffit pas de copier les lignes d'un réseau, mais qu'il faut encore que ces lignes soient bien proportionnées et étoffées, il arrive que ces fenêtres en fonte ne sont, le plus souvent, que le squelette de ce qu'elles devraient être pour satisfaire aux règles de l'art et aux lois du bon goût. Notons, enfin, en ce qui concerne le fenêtrage à la gothique, que la substitution des volets de fermeture aux anciens barreaux de fer est aussi une cause de difficultés pour l'architecte moderne.

Dans les habitations du moyen âge, le nombre des cheminées était très-restreint ; fort peu d'appartements étaient pourvus de foyer, et dans les types les plus anciens qui soient parvenus jusqu'à nous, le tuyau de chaque cheminée s'élevait isolément au-dessus des combles en forme d'une svelte tourelle. Dans les périodes postérieures, on rencontre, il est vrai, des souches composées de 2 ou 3 tuyaux ; mais, sauf de rares exceptions, telles, par exemple, que la belle souche multiple que nous avons vue à Eastbarsham (tome 1, pl. 65 des *Types*), il est de fait que les cheminées sont maintenant beaucoup plus nombreuses qu'elles l'étaient au moyen âge, et c'est là une source d'embarras sérieux pour nos architectes modernes de l'école gothique. Pour lever cette difficulté, quelques-uns d'entre eux ont essayé de diminuer, au moyen de souches multiples formant tourelles, le nombre apparent des cheminées ; mais il est résulté de ce dispositif un très-grave inconvénient que voici : la fumée, étant ainsi accumulée en un foyer unique, sort du tuyau en masse si condensée que la tourelle-souche en est bientôt noircie et complètement défigurée ; au lieu de servir à l'ornementation de l'ensemble, elle devient alors une souillure, une tache qui nuit à l'effet général de l'édifice. Pour éviter l'inconvénient de mettre en évidence de nombreux tuyaux de cheminée, il ne suffit donc pas de les réunir simplement en faisceaux, car il n'arrive que trop souvent qu'après quelque temps d'occupation ces cheminées, si bien dissimulées sur le plan de l'architecte, se trahissent d'une façon déplorable en flétrissant l'édifice qui les recèle. C'est là une considération importante sur laquelle nous appelons tout particulièrement l'attention des architectes.

Le porche fermé, à deux entrées latérales et de largeur suffisante pour livrer passage aux voitures, constitue à nos yeux un des membres de l'architecture gothique dont nous devrions plus souvent tirer parti. Sous le rapport de l'utilité et de la commodité, il est évidemment supérieur au péristyle classique si bien battu par la pluie, si bien ouvert à tous les vents ; aussi l'a-t-on appliqué avec succès comme entrée principale à plusieurs grands châteaux de construction récente. Nous n'avons à la vérité rencontré aucun porche de ce genre dans les anciens manoirs et hôtels ; mais, comme la convenance d'un tel appendice est incontestable, on pourrait, nous semble-t-il, sans notable violation de style et moyennant quelques modifications à y introduire, adopter pour types de l'espèce, soit les porches collatéraux de nos grandes églises gothiques, soit l'ordre inférieur des belles tours isolées ou appliquées qui servent d'entrée à la plupart des grands édifices civils et domestiques du moyen âge. (1)

On a, depuis quelques années, construit en ce pays un si grand nombre de

---

(1) Nous citerons comme exemples de porches de ce genre celui appelé Galilée qui se trouve au transsept du monastère de Lincoln, le porche nord de la cathédrale de Hereford, et celui, également nord, de l'église de Grantham, dans le Lincolnshire. Il va sans dire que, pour obtenir l'effet voulu, il faut construire les porches dont nous conseillons ici l'adoption dans de bonnes conditions d'étendue et de solidité.

maisons de campagne en style gothique, que l'aspect général de plusieurs localités en a été complètement changé ; et cela se conçoit : les éléments de ce style étant susceptibles d'une foule de combinaisons diverses, l'artiste qui sait les appliquer avec goût et discernement peut en tirer de bien autres effets de paysage que n'en savent produire, dans nos froids climats surtout, les monotones pastiches de l'architecture grecque et romaine, et moins encore les pauvres et insipides compositions de l'école moderne. Un autre avantage essentiel de l'art gothique, sous le rapport des effets pittoresques, c'est qu'il se plie admirablement aux constructions de tout genre et de toute proportion, depuis la sublime cathédrale, le splendide palais et l'élégant château jusqu'aux fabriques rustiques les plus modestes, telles que fermes, granges, chaumières, etc. Aussi avons-nous maintenant en Angleterre plusieurs villages qui jouissent d'une quasi célébrité artistique par le seul fait des constructions gothiques qui y ont été récemment élevées ; et à ce propos nous ferons remarquer à nos jeunes architectes combien il est essentiel, dans toute composition gothique, de considérer avant tout quel est le but à atteindre, afin de ne pas tomber dans l'absurde ou le ridicule, en prenant pour modèle d'un édifice à construire un autre édifice qui n'a rien de commun avec le premier sous le triple rapport de la destination, des proportions et de la situation. C'est pour avoir perdu de vue ce principe fondamental, dicté par le goût et par le simple bon sens, que maints faiseurs pseudo-gothiques ont à la fois compromis leur réputation et enrayé dans sa marche la renaissance de l'art chrétien, en élevant ces pastiches à proportions extravagantes, ces châteaux pygmées, ces cottages colosses, ces hospices informes qui blessent l'œil de l'homme de goût, enfin ces abbayes hybrides qui n'ont rien de commun avec nos anciennes retraites pieuses, si pleines de solennité et de recueillement, que leur unique approche suffisait souvent pour faire rentrer le calme dans l'âme la plus agitée par les passions du monde, et ramener dans la voie du Seigneur le pèlerin qui s'en était écarté. (1)

---

(1) Parmi les causes qui s'opposeront longtemps encore, surtout en France et en Belgique, au large progrès de la renaissance gothique dans les constructions civiles et privées, il en est une, à notre avis, très-importante à considérer, et qui consiste dans la crainte, conçue par certains esprits ombrageux, qu'il pourrait bien se trouver parmi les plus ardents promoteurs du grand mouvement archéologique actuel plus d'un ultramontain grand seigneur ou haut dignitaire de l'Église, pour lesquels ce mouvement n'est qu'une machine de guerre politique, c'est-à-dire que, sous leur

Le retour vers les traditions artistiques de nos pères ne se borne plus aux édifices de tout genre ; on commence à comprendre aussi que rien ne justifie l'abandon complet depuis un siècle de ces jardins à la française, dans lesquels les chefs-d'œuvre de l'art se mariaient si heureusement aux beautés de la nature, et qui avaient pour traits caractéristiques des terrasses, cascades, fontaines, statues, escaliers, balustrades, etc. On avait, à la vérité, dans ce genre de jardins, poussé jusqu'à l'extravagance le luxe artistique, la profusion des fabriques, les jeux artificiels et les règles de la symétrie : rien assurément n'était moins naturel que ces parterres compassés et à contours géométriques, ces allées d'arbres taillés aux ciseaux, ces tonnelles, haies et labyrinthes profilés et torturés en formes de vases, d'animaux, de pyramides, etc.; et la laideur de toutes ces bizarreries était d'autant plus choquante que leur étendue était plus considérable. Tout en désapprouvant donc les excès du vieux style jardinier, on doit cependant reconnaître que, lorsqu'il était contenu dans de justes bornes et appliqué avec intelligence surtout aux alentours immédiats d'une habitation, il ne manquait ni de grandeur ni de beauté réelles, sans compter que, sous le double rapport de la commodité et de la mise en scène pittoresque des bâtiments, il offrait des ressources qui manquent complètement aux jardins modernes. Le XVIII° siècle n'a laissé, dans sa rage d'innovations, subsister que bien peu de jardins du genre architectural; mais, grâce aux gravures anciennes et surtout au grand nombre de plans et de vues que nous en ont laissés Hollar, Burghers, Kip, Samuel et Nathaniel Buck, nous sommes à même de pouvoir apprécier combien des jardins de ce genre peuvent ajouter à la beauté et au confort d'une maison de campagne, lorsqu'ils sont bien disposés et traités dans de justes proportions. On nous objectera sans doute que cette question est ici un hors-d'œuvre, attendu que les jardins architecturaux n'appartiennent point au style gothique, et que ce sont les artistes de la Renaissance qui les ont inventés. (1) Cette objec-

---

enthousiasme pour l'art chrétien, pourrait bien se cacher l'espoir d'amener insensiblement la société moderne à un rebroussement de quelques siècles vers le passé.

Comme nous ne croyons pas à la possibilité de faire remonter les fleuves vers leurs sources, nous ne partageons pas cette crainte, et nous croyons que l'art chrétien mérite d'être étudié et préféré à tout autre pour lui-même et sans y attacher aucune arrière-pensée.
T.

(1) Ou plutôt renouvelés de l'antiquité romaine, car, ainsi que le fait très-justement remarquer M. Schayes dans son *Histoire de l'Architecture en Belgique*, les jardins des villas de l'ancienne Rome avaient une distribution absolument semblable à celle des jardins français des XVI° et XVII°

tion est fondée, mais seulement jusqu'à un certain point; car il est incontestable que les châteaux et les maisons seigneuriales du moyen âge étaient embellis par des jardins enclos de murs, ainsi que le prouvent les descriptions qu'en ont faites Leland et autres écrivains; et d'ailleurs les observations qui précèdent n'ont d'autre but que de faire comprendre combien il serait facile d'imaginer, pour les édifices gothiques, des jardins architecturaux dont les sujets d'ornementation, tels que galeries, fontaines, escaliers, balustrades, etc., seraient conçus et exécutés en parfaite harmonie de style avec les édifices eux-mêmes.

Jusqu'à ce jour la renaissance de l'art chrétien a fait si peu de progrès dans nos cités que l'on y voit même encore construire de nouvelles églises en style gréco-romain abâtardi. Cette perversion du goût est d'autant plus surprenante, que l'on est généralement d'accord pour reconnaître que le temple classique ne peut se prêter aux exigences du culte chrétien qu'à la seule condition d'en sacrifier la sévère pureté par des annexes discordantes et par de nombreuses sophistications intérieures et extérieures du plus mauvais goût. Pour être juste, hâtons-nous de mentionner ici, comme d'honorables exceptions parmi nos cités anglaises, celles d'Oxford et de Cambridge, où l'on a élevé, depuis quelques années, plusieurs édifices gothiques aussi remarquables par leur grandeur que par la beauté de leur composition. Dans le but de diminuer les chances d'incendie, on a introduit dans la nouvelle législation relative aux constructions urbaines plusieurs dispositions qui font obstacle au libre développement de la renaissance gothique. C'est ainsi, par exemple, qu'il n'est plus permis d'embellir comme autrefois les façades extérieures par des encorbellements pittoresques, ni de les décorer de riche charpenterie à sculptures; mais ces restrictions ne sont cependant pas de nature à rendre impossible, pour un architecte d'intelligence et de goût, l'emploi avantageux des immenses ressources du style gothique, pour venir enfin

---

siècles. C'étaient des parterres de fleurs dont les allées étaient bordées de buis taillés en figures d'hommes et d'animaux; et ceux de ces jardins qui avaient une certaine étendue étaient décorés de théâtres de gazon, de manèges et d'hippodromes entourés d'arbres, ainsi que de ces pavillons, treilles, grottes, statues, bassins, canaux, fontaines et autres ornements artistiques dont André Lenôtre a su tirer si habilement parti dans la composition des magnifiques, trop magnifiques jardins royaux de France.

T.

chasser de nos rues la laideur, la nudité et la monotonie qui caractérisent si généralement les constructions domestiques de l'école moderne ; et cela sans troubler le moins du monde la police de nos villes, ni compromettre la sécurité publique. C'est assez dire que nous avons l'espoir fondé de voir bientôt s'accomplir une grande réforme à cet égard dans notre architecture civile et domestique (1) ; et c'est parce que nous sommes convaincus qu'il suffirait, pour assurer le plein succès de cette réforme, de construire une seule de nos rues ou squares dans le goût du XV° ou du XVI° siècle, que nous nous sommes attachés, MM. Pugin et moi, à ne donner comme Types, dans ce second volume, que des sujets d'une grande pureté de style, et, par conséquent, exempts de toute ornementation *renaissance*, bien que plusieurs d'entre eux appartiennent cependant aux tout derniers temps de l'ère ogivale. Ce fut au commencement du XVI° siècle et sous le patronage de Henry VIII, que Jean de Padoue et quelques autres artistes étrangers introduisirent en Angleterre les premiers germes du style dit de la Renaissance. En notre pays, de même qu'en France, il s'établit alors un genre mixte qui consistait à surcharger les principaux membres du style gothique de cette luxueuse ornementation à l'italienne que caractérisait tout particulièrement une profusion de colonnes, pilastres, entablements et frontons, plus ou moins imités des cinq ordres classiques, mais n'en ayant ni les proportions, ni la sévérité, ni la pureté. Ce genre mixte dura tout un siècle, pendant lequel l'ogive fut peu à peu remplacée par le plein cintre, et les fenêtres perdirent les riches

---

(1) Depuis que M. Willson a écrit ces lignes, son espoir s'est complètement réalisé, ainsi qu'on en peut juger d'après l'extrait suivant d'une lettre écrite en 1847 par M. Didron aîné :

« De notre temps le gothique est violemment combattu en France par les corporations officielles ;
» en Angleterre, il entre haut et fier dans le parlement, à la chambre des lords et des communes, et
» s'empare d'un édifice trois ou quatre fois plus vaste que l'Hôtel-de-Ville actuel de Paris, et il le construit,
» le sculpte, le peint, le décore, le meuble entièrement du soubassement au faîtage. Sur les chemins
» de fer, on rencontre de nombreuses stations en style gothique, et ce ne sont pas assurément les
» moins belles. Dans les campagnes et dans les villes, des maisons, châteaux et palais s'élèvent en
» style ogival ; enfin les innombrables églises, colléges, écoles et hôpitaux, bâtis peut-être par 200
» architectes, et principalement par M. A. W. Pugin, sont tous en style gothique. Sur la surface
» des trois Royaumes-Unis, c'est une ardente émulation de constructions seigneuriales, civiles,
» religieuses et privées en style ogival. »

T.

moulures et les élégants réseaux, auxquels elles étaient redevables de leur beauté jusqu'alors sans égale parmi tous les systèmes connus de fenestration ; mais, loin de réduire les fenêtres aux petites proportions qui sont de règle dans l'architectonique romaine, les artistes anglais adoptèrent, au contraire, pour l'éclairage des grands appartements, d'énormes fenêtres rectangulaires et divisées en de nombreux compartiments par des meneaux et croisillons en pierre. Ce genre de fenêtrage constitue même un trait autochthone de l'architecture civile et domestique de l'Angleterre à cette époque, car on ne les rencontre point dans les édifices contemporains des autres contrées. Sur le continent, aux XVe et XVe siècles, les fenêtres étaient généralement de médiocre grandeur, et leur subdivision se bornait au simple croisement à angle droit d'un meneau et d'un croisillon. Dans leurs Spécimens les plus anciens, les fenêtres de cette dernière espèce sont, à l'extérieur, souvent ornées de dais et pinacles richement sculptés, tels qu'on en voit encore au palais de justice de Rouen et à d'autres édifices construits à la même époque dans les provinces occidentales de la France. (1)

L'Angleterre possède encore un grand nombre de superbes maisons parfaitement conservées, et qui datent des règnes d'Élisabeth et de Jacques Ier. Elles ont, dans leurs plans et dans leur composition générale, un cachet de grandeur et de beauté qui mérite toute notre admiration ; et, cependant, il faut bien le reconnaître, le style mixte qui y prévaut est un signe de décadence ; il accuse un premier pas dans cette voie de mauvais goût qui nous a menés, de chute en chute, à la dépravation actuelle. Il est à souhaiter que l'on ne néglige aucun soin pour conserver longtemps encore dans leur intégrité originelle des édifices tels que ceux de Auddley-end (2),

---

(1) Voir les *Antiquités architectoniques de la Normandie* par Auguste Pugin. Les exemplaires illustrés du XVe siècle des *Chroniques de Froissart* montrent que ce style de fenêtres était alors fort à la mode dans les constructions civiles et domestiques de la France ; il en reste d'ailleurs encore de nombreux Spécimens, notamment au château de Josselin, fondé par la reine Anne de Bretagne au commencement du XVIe siècle.

Ce fut sous le règne de François Ier, contemporain de Henry VIII, que l'architecture italienne s'introduisit en France.

(2) Situé dans l'Essex, fondé par Thomas comte de Suffolk, maintenant résidence de lord Braybrook. Cet édifice figure, au tome II des *Antiquités Architecturales* de Britton, dans son état primitif et dans son état actuel. Commencé en 1603 et achevé en 1616, il eut pour architecte Bernard Jansen, artiste flamand.

Longleat (1), Hatfield (2), Burleigh (3), Hardwick (4), Bolsoever (5), Wollaton (6), et maints autres du même genre que l'on pourrait citer ici ; car ce sont là non-seulement des preuves authentiques de l'état de l'architecture au temps où ils furent élevés, mais encore de curieuses pages de notre histoire nationale, à cause des événements intéressants dont ils furent le théâtre. Il est bien entendu que nous n'avons nulle intention de les proposer aux artistes contemporains comme des modèles à imiter sans réserve ; on peut, sans doute, y trouver matière à de bons enseignements, mais on doit repousser sans merci leur mode d'ornementation, que nous considérons comme absolument vicieux. Et, en effet, les cinq ordres classiques, alors même qu'on les applique avec toute l'élasticité de l'école romaine, sont tout-à-fait incompatibles avec le style gothique ; la discordance qui résulte de leur mélange n'est que trop visible dans toutes les constructions du genre *renaissance*. Que l'on respecte ces édifices malgré leurs défauts, qu'on les conserve à cause de leur caractère historique, rien de mieux ; mais la critique ne pourrait user de trop de sévérité pour réprimer à leur naissance toutes tentatives qui auraient pour but de nous ramener aux errements de cette déplorable époque de

---

(1) Dans le Wittshire, résidence actuelle du marquis de Bath. Son architecte fut Jean Thorpe, qui l'acheva en 1579. — Voir le tome II des *Antiquités Architecturales* de Britton.

(2) Dans le Hertfordshire, appartient au marquis de Salisbury, fut fondé vers 1609 par son aïeul Robert Cecil, comte de Salisbury et lord haut-trésorier sous Jacques Ier. Un incendie a récemment détruit l'aile occidentale de ce château, qui est construit en briques.

(3) Dans le Northamptonshire, fondé vers 1585 par l'illustre ministre William Cecil, seigneur de Burleigh et lord haut-trésorier sous Élisabeth. C'est un des plus magnifiques châteaux du royaume; il est resté dans la famille du fondateur, et le marquis d'Exeter en est le propriétaire actuel.

(4) Fondé par Élisabeth, comtesse de Shrewsbury, sous le règne d'Élisabeth. — Voir sa description au tome V de la *Magna Britannia* de Lysons.

(5) Dans le Derbyshire, appartient au duc de Portland, et eut pour architecte Hungtington Smithson. Les grands appartements sont depuis longtemps dépouillés de toute ornementation, mais sa haute tour carrée est encore à l'état d'habitation, ainsi que les écuries et offices. — Voir la *Magna Britannia* précitée et l'historique que le R. D[r]. Pegge a écrit de ce château.

(6) Près Nottingham. Commencé en 1580 par sir Francis Willoughby et achevé en 1588, ainsi que l'indique l'inscription fixée dans l'entrée principale ; c'est peut-être le Spécimen le plus splendide des châteaux du temps d'Élisabeth. Il eut pour architecte Robert Smithson, mort en 1614 et enterré dans l'église de Wollaton, où l'on voit encore son monument dans le collatéral sud du chœur. C'est par son fils que fut construit le château de Bolsoever. — Voir tome II des *Antiquités Architecturales* de Britton.

décadence, de faire renaître ce style hybride que le continent a trop longtemps qualifié du nom mensonger de *Renaissance* et qui porte en Angleterre celui de *style Élisabeth*. Il est également bien entendu que les observations critiques que nous venons de faire sur notre architecture domestique, style Élisabeth, ne portent que sur les détails et surtout sur l'ornementation ; car, sous le double rapport des proportions générales et de la distribution, il est de nombreux édifices de ce genre qui laissent peu à désirer, et l'on en compte même plusieurs qui joignent à la grandeur monumentale toutes les conditions qui constituent la commodité et le comfort (1), conditions bien rarement remplies en tous temps, lieux et styles. Empruntons-leur donc ces bonnes qualités, mais gardons-nous bien de copier les affreuses caricatures des cinq ordres qui surchargent leurs façades ! Les contours, les membres principaux du style Élisabeth étant positivement gothiques, leur ornementation, bien qu'on le conteste, doit absolument l'être aussi. Que ceux qui veulent faire quelqu'emprunt aux édifices de ce style consultent donc, pour la partie ornementale, les reliques des époques antérieures ; ils n'auront que l'embarras du choix pour y trouver de quoi remplacer avantageusement le système décoratif que les artistes de la Renaissance avaient emprunté à l'architecture romaine pour en faire l'application la plus décousue et la moins rationnelle possible.

Nous espérons que ces considérations pourront être de quelqu'utilité aux jeunes architectes, qui trouveront, dans les édifices du moyen âge, une infinie variété de style, que l'on ne peut comprendre à fond et bien apprécier qu'au moyen d'études longues et laborieuses. Ils reconnaîtront que l'architecture de chacune des périodes successives de ce style, particulièrement de celles des XIIIe, XIVe et XVe siècles — époques où prévalait le gothique à lancettes — se différencie de celle de la période précédente par un système particulier de moulures et autres détails secondaires dont l'étude com-

---

(1) Les édifices de ce genre avaient plus de grandeur, de régularité et de compacité dans leurs formes et distributions que ceux des périodes antérieures. La construction des escaliers fit alors un immense progrès : confinés jusque-là dans l'étroite cage d'une tourelle circulaire, ils étaient étroits et difficiles à monter ; mais, sous Élisabeth et Jacques Ier, on construisit plusieurs grands escaliers en chêne à larges marches, à grands paliers et à rampes droites garnies de belles balustrades sculptées, où figuraient les armoiries du propriétaire et de sa famille. Entre autres exemples d'escaliers de cette époque, nous citerons ceux des châteaux de Hatfield et de Crewe. — Voir, pour ce dernier, au tome II des *Antiquités* de Britton.

parative importe autant que celle des membres principaux, si l'on veut parvenir à produire une œuvre irréprochable.

Loin de nous la pensée d'exiger de nos architectes qu'ils s'astreignent à copier servilement les modèles anciens : ce serait à la fois tomber dans l'absurde et tuer en eux toute heureuse inspiration ; ne faut-il pas d'ailleurs, de toute nécessité, que les édifices qu'ils sont chargés de construire satisfassent aux habitudes et aux besoins de la société moderne? Mais, quel que soit le style qu'ils adoptent, que ce soit le grec, le romain ou le gothique, une règle absolue dont ils ne peuvent dévier sans tomber dans l'extravagance et le mauvais goût, c'est la stricte observation des principes fondamentaux, ainsi que l'étude approfondie et comparée des monuments-types de chacun de ces styles. Tout écart, toute négligence à cet égard seraient d'autant plus blâmables que, mieux lotis que leurs devanciers, nos jeunes architectes ont maintenant à leur disposition des recueils de beaux modèles d'ensemble et de détails, qui constituent pour ainsi dire une anatomie complète de l'architecture gothique ; et ces précieux éléments d'étude et de succès, c'est en grande partie aux travaux et aux talents de feu Auguste Pugin qu'ils en sont redevables.

Ed.-James WILLSON.

Newport, Lincoln, 1836.

TYPES

D'ARCHITECTURE GOTHIQUE.

Table des Sujets et Planches contenus dans le deuxième volume, avec indication de leur placement pour la reliure.

	PLANCHES.		
1.	FRONTISPICE.		Il représente l'intérieur du cabinet de travail d'un artiste du XVe siècle — composé et dessiné pour ce volume par M. A. W. Pugin.

          NORFOLK.   *Chapelle de Houghton-in-the-Dale.*

2.   »   I. Élévation, coupe et plan de la façade du couchant.
3.   »   II. Réseau de la fenêtre, niche et pinacle du sommet du gable d'idem.
4.   »   III. Dais des niches qui flanquent le gable à sa naissance.
5.   »   IV. Niches qui cantonnent la fenêtre et la porte de la dite façade.
6.   »   V. Balustrade de couronnement du bas des combles ; autres détails.

          OXFORD.   *Chapelle du collége de Merton.*

7.   »   I. Plan et coupe de la cage du clocher, en charpente ornementale.
8.   »   II. Détails d'idem.

          SUSSEX.   *Château de Herstmonceaux.*

9.   »   I. Plan général, élévation de la façade du sud et détails y relatifs.
10.   »   II. Plans des divers étages du donjon sous lequel se trouve l'entrée principale.

TYPES D'ARCHITECTURE GOTHIQUE.

11.	»	III. Élévation du donjon, côté du sud.
12.	»	IV. Coupe et détails d'idem.
13.	»	V. Fenêtre, meurtrière et détails d'idem.
14.	»	VI. Couronnement à mâchicoulis et créneaux d'idem.

WARWICKSHIRE.   *Château de Warwick.*

15.   »   I. Élévation, coupe et plans divers du *donjon* dit *de Guy*.

Château de Kenilworth.

16.   »   I. Plans, coupe et détails du vestibule octogone.
17.   »   II. Façade et détails extérieurs d'idem.
18.   »   III. Coupes longitudinales (horizontale et verticale) de la grande salle des festins.
19.   »   IV. Élévation intérieure et coupe d'une fenêtre d'idem.
20.   »   V. Réseau et détails de la même fenêtre.
21.   »   VI. Élévation intérieure et plan d'une fenêtre en loge de la grande salle.
22.   »   VII. Élévation, coupe et plan d'une cheminée d'idem.

MONMOUTHSHIRE.   *Château de Ragland.*

23.   »   I. Plan général. Façade comprenant la porte principale du château.
24.   »   II. Façade et coupe longitudinale de la grande salle des festins.
25.   »   III. Fenêtre en loge de la chambre à coucher d'apparat.
26.   »   IV. Détails d'idem.
27.   »   V. Une fenêtre des grands appartements situés dans la *cour* dite *à la fontaine*.
28.   »   VI. Détails d'idem.
29.   »   VII. Une des fenêtres de la façade intérieure de la porte principale susdite.

GLOUCESTERSHIRE.   *Château de Thornbury.*

30.   »   I. Élévation et plan de la façade du sud.
31.   »   II. Fenêtres en loge situées dans cette façade.
32.   »   III. Détails d'idem.
33.   »   IV. Idem   idem.

TYPES D'ARCHITECTURE GOTHIQUE.

54.	»	V. Fenêtre en encorbellement qui se trouve au-dessus de la porte de la galerie.
55.	»	VI. Élévation, coupe et détails de la cheminée de la grande salle.
56.	»	VII. Élévation, coupe et détails des mâchicoulis de la tour octogone.
57.	»	VIII. Plan général du château. Façade sud des offices. Plan du bâtiment d'entrée.
38.	»	IX. Élévation et coupe de la porte et du guichet situés dans la façade du couchant.
39.	»	X. Détails d'idem.
40.	»	XI. Élévation, coupe et plan de la grande fenêtre en encorbellement dans la façade du nord.
41.	»	XII. Détails d'idem.
42.	»	XIII. Élévation, coupe et détails de la cheminée d'antichambre de la grande salle.
43.	»	XIV. Élévation, coupe et détails de l'une des portes intérieures des grands appartements.
44.	»	XV. Élévation et détails d'une souche (en briques) de cheminées située dans la façade du nord.

SOMERSETSHIRE.   *Doyenné de Wells.*

45.	»	I. Élévation et plan de la façade du nord.
46.	»	II. Élévation et coupe de la fenêtre en loge de cette façade.
47.	»	III. Coupe, voussure et détails intérieurs de la même fenêtre.
48.	»	IV. Diverses coupes horizontales et détails extérieurs d'idem.
49.	»	V. Façade du sud, sa tourelle et ses détails.
50.	»	VI. Élévation, coupe et détails de la fenêtre en encorbellement et à deux étages de la façade du nord.
51.	»	VII. Diverses coupes horizontales et autres détails d'idem.
52.	»	VIII. Élévation, coupe, plan, voussure et détails de la double fenêtre de l'antichambre (façade du nord).

Halle ou grande salle du palais épiscopal de Wells.

53.	»	I. Plan-par-terre de la halle; ses façades du nord et du couchant.
54.	»	II. Élévations intérieure et extérieure, et coupe d'une fenêtre de la halle.

TYPES D'ARCHITECTURE GOTHIQUE.

55.	»	III. Élévation, coupe et détails d'une tourelle angulaire d'idem.
56.	»	IV. Diverses coupes horizontales et autres détails de cette tourelle.
57.	»	V. Élévation, plan, coupe et détails de l'une des fenêtres de la galerie (ou cloître).
58.	»	VI. Élévation, plan, coupe et détails de la cheminée de l'antichambre de la halle.

Pavillon voûté, situé dans les jardins du même palais, et servant de réservoir pour la conduite des eaux.

59.	»	I. Élévation et coupe.
60.	»	II. Plan et détails.

Abbaye de Glastonbury.

61.	»	I. Plan et coupes horizontales diverses de la *cuisine* dite *de l'Abbé*.
62.	»	II. Façade du couchant de cette cuisine.
63.	»	III. Coupes diverses d'idem.
64.	»	IV. Détails de moulures, etc., d'idem.

Auberge de St.-George (ou de l'Abbé), à Glastonbury.

65.	»	I. Façade extérieure.
66.	»	II. Détails d'idem.
67.	»	III. Plan de cette façade. Élévations latérale et de face du corbeau de l'enseigne; plan général de l'édifice.

Palais de justice de Glastonbury.

68.	»	I. Élévation, plan, coupe et détails de la façade extérieure; plan-par-terre général de l'édifice.

Grange dite de l'Abbé, à Glastonbury.

69.	»	I. Façade du sud; médaillons décorant le sommet des pignons et représentant les quatre animaux apocalyptiques.
70.	»	II. Demi-plan de la grange avec projection horizontale des combles; fenêtre de la façade du sud; détails.
71.	»	III. Élévation et coupe de la façade de pignon, côté du couchant.
72.	»	IV. Détails ornementaux de la grande façade du sud.
73.	»	V. Idem idem des façades de pignon.

TYPES
D'ARCHITECTURE GOTHIQUE.

CHAPELLE DE HOUGHTON IN-THE-DALE, COMTÉ DE NORFOLK,

FONDÉE VERS 1350.

On manque complètement de données historiques en ce qui concerne ce curieux petit édifice. Toutes les recherches faites pour découvrir quelque document relatif à sa fondation et à l'objet de son institution ecclésiastique sont restées sans résultat jusqu'à ce jour. On ignore non-seulement le nom du fondateur, mais encore le saint sous le vocable duquel cette chapelle fut placée. Elle est située dans la paroisse de Houghton in-the-dale (dans la vallée), et l'on suppose que l'intention du fondateur a été d'en faire une station pour les pèlerins qui se rendaient au célèbre prieuré de Notre-Dame, à Walsingham, lequel en est éloigné de un mille environ, du côté de la mer. (1) Quoi qu'il en soit, on peut en toute sûreté fixer au milieu du XIVe siècle la date de sa construction, car l'ornementation de sa façade du couchant est, en petit, un type parfait de l'élégante architecture ecclésiastique de cette époque. (2) L'intérieur de l'édifice est maintenant dépouillé de toute décoration;

---

(1) L'église paroissiale de Houghton ayant appartenu au prieuré bénédictin de Ste.-Foi, à Horsham, même comté, il est cependant peu vraisemblable que cette chapelle ait jamais été du ressort du prieuré de Walsingham.

(2) On remarque quelque rapport de style entre plusieurs détails de cette ornementation et ceux de la porte d'enceinte occidentale de l'abbaye de St.-Edmond, à Bury, comté de Suffolk, laquelle porte fut reconstruite en 1327, à la suite du saccagement qu'en avait fait une bande de bourgeois révoltés. (Voir page 81, tome III, des *Antiquités architecturales* de Britton.)

on y remarque, dans le mur du sud, les traces de deux fenêtres géminées en ogive, mais elles sont bouchées, de même que celle de la façade occidentale. Déconsacrée depuis de longues années, cette chapelle a pendant longtemps été habitée par de pauvres familles, et maintenant elle sert de grange.

N°. 2. Planche I. — Façade du couchant.

Elle est aussi remarquable par la régularité de sa composition que par la hardiesse et l'élégance des détails de son ornementation. Ceux-ci ont beaucoup souffert, mais ce qui en reste est heureusement assez marqué encore pour qu'il nous ait été possible de les rétablir fidèlement dans leur état primitif. Les statuettes qui en décoraient les diverses niches n'existent plus, la main d'un fanatique les en ayant probablement arrachées.

N°. 3. Planche II. — Fenêtre et pinacle de la même façade.

Le réseau de fenêtre ici reproduit, fig. 1, est un très-beau type de notre genre *curviligne*, appelé *flamboyant* par les archéologues français. (1) Le raccordement des menceaux avec la broderie du tympan est particulièrement gracieux ; et c'est pour pouvoir en mieux indiquer les points de tracé que nous avons dessiné ce tympan à une échelle très-grande. La fig. 2 indique le profil mouluré du jambage ; le pinacle ou clocheton qui surmonte le gable n'existant plus en entier, on a représenté au pointillé, sur la fig. 3, la partie qui en a été démolie ; rien n'indique que cette chapelle ait jamais eu une cloche ; et c'est d'autant plus étrange que les moindres chapelles en étaient habituellement pourvues, lorsqu'elles ne se trouvaient pas dans le voisinage immédiat d'une église.

---

(1) Les types les plus remarquables de notre genre curviligne se trouvent dans les fenêtres occidentales des cathédrales d'York et de Durham, ainsi que dans la fenêtre de chevet de la cathédrale de Carlisle. Il y a beaucoup d'analogie entre le curviligne anglais et le *flamboyant français*, ainsi nommé à cause de la ressemblance de ses lignes avec les flammes d'un foyer. (Voir à ce sujet le tome XXV de l'*Archæologia*, ainsi que les *Mémoires de la Société des antiquaires de la Normandie*, année 1824, page 649.)

N°. 4. PLANCHE III. — Dais des niches flanquantes du gable.

L'ornementation de ces dais mérite d'être remarquée pour la beauté du dessin ; ils sont carrés et placés diagonalement, ainsi qu'on le voit au plan que nous en donnons à droite et au bas de cette planche. Comme ils se terminent en plate-forme à la hauteur du chaperon du couronnement crénelé, on peut supposer qu'ils étaient primitivement surmontés de pinacles ou statues. On a tracé dans les figures n°°. 1 et 2 les projections horizontale et verticale des niches, ainsi que leur raccordement avec le chaperon du gable.

N°. 5. PLANCHE IV. — Niches de la façade.

On a déjà vu à la figure 3 de la planche II la niche qui décore le sommet du gable. La fig. 1 de celle-ci représente en élévation, coupe et plan, l'une des deux grandes niches qui cantonnent la fenêtre, tandis que la fig. 2 donne, dans les mêmes conditions, l'une des petites niches à amortissement rectangulaire qui cantonnent la porte.

L'archivolte à bouquets, crochets et fleurons de la grande niche de droite est ornée à sa naissance de deux têtes, dont l'une de roi et l'autre d'évêque ; comme elles sont d'un fort bon goût, on les donne ici au-dessus de la fig. 2.

N°. 6. PLANCHE V. — Détails de l'ornementation extérieure de la chapelle.

Fig. 1. Elle représente la balustrade qui couronne la naissance des combles et les moulures y attenantes.

Fig. 2 et 3. Ce sont les profils des redents en talus et en larmiers des contre-forts angulaires.

Fig. 4. Galbe du chaperon mouluré du gable.

Fig. 5. Profils de l'appui de la fenêtre et de son larmier d'allége.

Fig. 6. Profil du jambage de la porte.

Fig. 7. Profil du couronnement à balustrade et à créneaux des dais des deux niches angulaires.

CHAPELLE DU COLLÉGE DE MERTON, A OXFORD.

La curieuse charpente qui fait le sujet des deux planches suivantes est placée immédiatement en contre-bas de la chambre à cloches. Elle est incontestablement contemporaine du clocher lui-même, dont la construction paraît être du XV° siècle. Malgré sa parfaite convenance de situation et malgré sa rare beauté, ce plafond fut caché aux regards des fidèles par un vulgaire plancher uni qu'y avait fait établir, pour la commodité des sonneurs, un de ces perfectionneurs dont le zèle, aussi inintelligent qu'ignorant, a défiguré la plupart de nos anciennes églises. On suppose que cet acte de vandalisme a été commis à l'époque de la refonte des cinq cloches anciennes pour en faire huit. (Voir ce qui a été dit à ce sujet au tome I⁰ʳ des *Types*).

N°. 7. PLANCHE I. — Coupe et plan de cette charpente.

Le lanternon central était destiné à livrer passage aux cloches lors de leur ascension ou descente : c'est ainsi que l'on remarque encore dans quelques églises une ouverture circulaire pratiquée dans la voûte en pierre qui ferme le premier ordre du clocher (1).

N. 8. PLANCHE II. — Détails de la même charpente.

Fig. 1. Projection horizontale d'un quart du plafond.
Fig. 2. Idem   idem   du lanternon.

La légende de la planche indique suffisamment la nature des moulures qui y sont reproduites.

---

(1) Il se trouve une ouverture de ce genre au centre du magnifique plafond en voûte d'arête (la voûte en pierre et les nervures en bois) du clocher de l'église de Louth, dans le Lincolnshire. Là aussi de modernes vandales avaient eu l'idée de masquer un chef-d'œuvre par un ignoble plancher en menuiserie pour en faire une chambre de sonneurs ; mais heureusement le mal a été réparé, et l'on a depuis peu rétabli les choses dans leur ancien état.

CHATEAU DE HERSTMONCEAUX, COMTÉ DE SUSSEX.

« Monceaux, sur tes débris le stylet de l'histoire
» A tracé pour jamais ces deux mots : Honte et gloire !
» Oui, gloire aux anciens preux dont tu fus le berceau ;
» Mais éternelle honte au vandale marteau
» Qui, bien plus que le temps, sapa tes vastes salles,
» Tes gothiques arceaux et tes tours féodales !...... » (1)

Le poëte a raison, car la destruction de ce magnifique spécimen de notre architecture militaire du moyen âge est, en effet, une irréparable perte pour la patrie. Si elle avait eu pour cause un incendie accidentel ou un siége vaillamment soutenu aux temps de nos guerres civiles, les regrets, que l'on éprouve à l'aspect de ces ruines, se calmeraient en réfléchissant que tel doit être tôt ou tard l'inévitable sort de toute grandeur humaine; mais que penser de l'homme sordide qui, possédant un pareil trésor, a eu le triste courage d'en ordonner l'anéantissement ? Nous ne contestons assurément pas le droit qu'il avait, légalement parlant, d'en agir à sa guise, pas plus que nous ne pourrions le contester au révérend personnage qui fit abattre, à Stratford sur l'Avon, l'historique mûrier du grand Shakspeare ; dans l'un comme dans l'autre cas, le droit de propriété était inattaquable ; mais nous pensons qu'il eût été heureux pour la mémoire de ces gentilshommes qu'ils eussent compris que la possession de tout objet qu'un peuple entier admire et vénère à cause d'un fait ou d'un souvenir qui intéresse son honneur ou sa gloire, qu'ils eussent compris, disons-nous, qu'une telle relique n'est en quelque sorte, entre les mains de celui qui la possède, qu'un dépôt sacré dont il a la haute garde, et qu'il ne peut, par conséquent, la détruire sans exposer son nom à la juste vindicte de la postérité.

Le castel de Herstmonceaux fut fondé en 1440 par le chevalier Roger Fiènes, en vertu d'une licence royale, datée de la 19ᵐᵉ année du règne d'Henry VI et qui autorisait ce gentilhomme à créneler et fortifier le manoir qu'il possédait dans cette localité,

---

(1) Extrait d'un recueil de vers publié en 1813 sous le titre de : *Metrical remarks on modern Castles and Cottages*.

ainsi qu'à agrandir de six cents acres l'enclos de son parc. La famille des Fiènes (1) descend d'une très-illustre souche. Jean, seigneur de Fiènes dans le Boulonais, était allié par le sang à Guillaume duc de Normandie ; et comme il l'avait accompagné dans la conquête d'Angleterre, en 1066, ce prince lui confia peu de temps après la charge de constable du château de Douvres, alors considéré comme l'une des plus importantes forteresses du royaume. Ce même Jean de Fiènes était devenu propriétaire du domaine de Herstmonceaux par le fait de son mariage, sous le règne d'Édouard II, avec Mathilde, fille et héritière de sir Jean de Monceaux, dont l'unique fils était mort sans laisser de postérité. Dans les guerres de France, sous les rois Henry V et VI, deux frères de Fiènes, Roger et James, se sont rendus célèbres par leur valeur. Roger, qui était l'aîné, avait, avant l'âge de sa majorité et par faveur royale, hérité des titres et biens de son père. Chevalier en 1422, il fut élevé par Henry VI à la dignité de shériff des comtés de Surrey et d'Essex, ainsi que l'avait été son père ; et, devenu ensuite trésorier de la maison du roi, il finit par entrer au parlement en qualité de baron de Say et Sele. Son fils Richard, ayant épousé Jeanne, fille unique de Thomas, seigneur de Dacre, fut, en 1457, créé baron de Dacre par Henry VI. En 1541, un membre de cette illustre famille, nommé Thomas et qui était le troisième héritier du titre de baron de Dacre, fut condamné et exécuté du chef de meurtre (2).

La Reine Élisabeth releva cette famille de la déchéance, en rendant plus tard à George le titre que le crime de son père lui avait enlevé ; et comme ce George mourut sans laisser d'héritier de son nom, il fut le dernier baron de Dacre de la branche de Fiènes. Marguerite, sa sœur, ayant épousé sir Samson Lennard, écuyer, Jacques Ier permit à ce gentilhomme de prendre le titre de baron de Dacre ; leur fils Henry en hérita en 1611, et ses descendants continuèrent à le porter jusqu'à l'époque où Thomas de Dacre, quatrième baron de ce nom dans la lignée des Lennard, fut

---

(1) On trouve ce nom écrit de diverses manières ; ainsi : Fiennes, Fienes, de Fenis, Fenys, Fynes, etc.

(2) Il paraît que cet infortuné gentilhomme fut victime d'une erreur judiciaire, et qu'il n'assistait même pas à la chasse nocturne aux daims où un traqueur fut accidentellement tué. Condamné comme complice de ce meurtre, il fut exécuté à Tyburn.

créé comte de Sussex par Charles II, à la suite de son mariage avec Anne Palmer, dite de Fitz-Roy, fille naturelle de ce roi libertin. Or, ce gentilhomme, ayant obéré sa fortune par sa conduite extravagante, se vit bientôt obligé de vendre une grande partie de ses biens, nommément Herstmonceaux ; et c'est ainsi que ce domaine devint, en 1701, la propriété de sir George Naylor, écuyer, qui, n'ayant pas eu d'enfants de son mariage avec Grace Pelham (sœur du premier duc de Newcastle sorti de la famille de ce nom), le légua, ainsi que son nom, à Francis Hare Naylor, fils de sa sœur et du révérend docteur Francis Hare, évêque de Chichester. Enfin, sir Francis étant mort sans laisser d'héritier en ligne directe, le château de Herstmonceaux échut à son frère Robert Hare, prébendier de Winchester, et c'est lui qui le fit démanteler en 1777. Ce domaine appartient maintenant à M. T. Read Kemp, membre du Parlement, à qui un autre Francis Hare le vendit dans les premières années de ce siècle.

L'honorable Horace Walpole, devenu plus tard comte d'Oxford, ayant visité Herstmonceaux en 1752 avec sir John Chute, son ami, a laissé la spirituelle esquisse suivante de l'état dans lequel se trouvait alors le château :

« Herstmonceaux est situé à l'extrémité d'une large vallée ; sa distance à la mer
» est de 5 milles environ en ligne droite. Le castel est encadré par de bleuâtres
» collines boisées, dont l'une vient, en s'abaissant en pente douce et sur une étendue
» de cent acres, se fondre au pied même de l'édifice. Ainsi placé dans un bas-
» fond, on comprend de reste qu'il n'ait aucune vue sur le pays environnant.
» Comme c'est une véritable forteresse, cet emplacement fut très-probablement
» choisi pour faciliter l'alimentation des fossés qui l'entourent. Son enceinte est
» aujourd'hui encore toute garnie d'un système complet de dispositions défensives,
» telles que ponts-levis, tours, tourelles, parapets, créneaux et archères. Bien que
» sa construction remonte au temps d'Henry VI, il se trouve encore dans un parfait
» état de conservation. On dirait qu'il n'a jamais été complètement achevé, à moins
» de supposer cependant que le badigeon fût alors un luxe encore inconnu ; et en
» effet, à part les parois intérieures des chambres principales, toutes les murailles
» ont conservé leur native couleur de brique. C'est un vaste bâtiment carré de 200
» pieds environ de côté ; sa grande porte d'entrée et ses cloîtres rappellent beaucoup
» ceux du collége d'Éton, avec lequel il a d'ailleurs dans son ensemble une grande
» analogie de style. Cette ressemblance est surtout frappante en ce qui concerne la

» cuisine, dont les trois vastes cheminées vont se réunir en une même souche, qui
» s'élève en tourelle à l'intérieur de l'édifice. Les deux ou trois cours comprises
» dans l'enceinte sont entourées de bâtiments de service ; on n'y rencontre aucune
» trace de magnificence, et l'ameublement des principaux appartements consiste tout
» simplement en un certain nombre de lits et de siéges. Les fenêtres de l'un des
» côtés du quadrangle ont été modifiées pour recevoir des châssis à la moderne ;
» quelques-uns des appartements qui y correspondent ont été lambrissés au temps du
» comte de Sussex, qui avait épousé une fille naturelle de Charles II. On voit sur
» quelques-uns de ces lambris, notamment sur les cheminées, des armoiries déli-
» cieusement sculptées par Gibbons. A la vue de la cotte de mailles du premier
» des Lennard, qui porta le titre de seigneur de Dacre, et des nombreux écussons
» des familles alliées à la sienne, toutes choses qui décorent la cheminée du grand
» salon, M^r. Chute se sentit transporté de bonheur, et rappela avec orgueil son
» cousinage avec les Lennard et leurs dix mille quartiers de noblesse. La chapelle
» est petite et sans distinction ; on voit encore sur les vitraux de ses fenêtres de
» maigres figures mal faites, représentant la Vierge et sept autres Saints. Il s'y
» trouvait autrefois quatre autres verrières peintes, qu'on en a ôtées pour donner
» plus de jour à la chapelle ; et c'est ainsi que nous avons rencontré, irrespectueu-
» sement reléguées dans la laiterie, Ste. Catherine et une autre dame tenant une
» église en main. On remarque aux deux côtés de l'autel deux cavités bizarres,
» garnies de très-petits écrans en bois et qui ont probablement servi de confessionnaux.
» Quant à l'extérieur du château, c'est un mélange de pierres et de briques de très-
» respectable apparence. Les ponts-levis sont d'un effet assez romanesque, et la
» vue du donjon suffit pour vous donner une délicieuse idée de ce qu'était la vie
» dans ces beaux temps de manants et de seigneurs. On nous a montré une assez
» triste chambre dite : *Halle du Tambour*, d'où paraît être descendue la comédie
» d'Addison. Les cloîtres sont surmontés d'une galerie qui donne accès à tous les
» appartements de l'étage ; on remarque sur la plupart des fenêtres qui l'éclairent le
» molosse héraldique des Fiénes, ainsi que des banderoles portant leur chevaleresque
» devise : *Le Roy le veut*, devise qui, ainsi que je vous le conterai tantôt, a
» porté malheur au dernier lord de cette souche. Le revenu annuel du domaine est
» de 2,000 livres environ, et les terres qui le composent sont si compactes qu'on
» n'y compte que 17 maisons. En parcourant une antique et belle avenue, qui

» mène du château à l'église, nous avons eu constamment en vue, sur notre gauche,
» des voiles de navires longeant la côte. »

Grose a publié, dans le tome V de ses *Antiquités*, un historique complet du château de Herstmonceaux, avec quatre vues qui en ont été prises avant son démantèlement. L'extrait que nous allons en faire nous fournira les éléments nécessaires pour pouvoir ensuite en essayer une description complète.

« L'extérieur du château comporte trois cours, dont une grande et deux petites ;
» la grande porte d'entrée est située au centre de la façade sud du quadrangle :
» c'est un donjon à plusieurs étages et flanqué de deux tours crénelées ; le passage
» voûté de cette porte débouche à l'intérieur dans une cour entourée de cloîtres
» sur trois de ces côtés, le quatrième, celui du nord, étant occupé par la halle,
» qui est très-grande et ressemble beaucoup aux halles non modernisées des anciens
» colléges d'Oxford et de Cambridge. Elle est encadrée, au couchant, par la laiterie,
» et, au levant, par l'appartement d'apparat, lequel consiste en trois belles pièces
» dont la plus grande a 40 pieds de long. En arrière et au nord de la halle, se
» trouve la chapelle ; et une suite d'appartements et de chambres, à l'usage des prin-
» cipaux officiers et gens de service du château, occupe tout le côté du levant du
» quadrangle. Le grand escalier est également situé en arrière de la halle ; sa cage
» occupe un espace de 40 pieds carrés ; après l'escalier vient la cuisine, qui est très-
» grande ; et, à la suite de la cuisine, se trouvent les offices qui en dépendent, et qui
» occupent tout le côté occidental de l'enceinte. Le four de la boulangerie a 14 pieds
» de diamètre. La halle, la chapelle et la cuisine, n'étant pas surmontées d'un étage,
» ont en cerveau toute la hauteur de l'édifice. Quant au côté sud du quadrangle,
» c'est-à-dire celui où se trouve la porte-donjon, son aile gauche se compose d'une
» vaste pièce délabrée, ayant la forme d'une ancienne galerie et qui semble avoir
» été destinée à mettre en sûreté tous les chevaux et le bétail du domaine lors
» de la mise en état de siège du château ; tandis que son aile droite consiste en de
» si nombreux logements pour la garnison, que l'on se perdrait aisément dans leurs
» dégagements. Les fenêtres du grand corridor de l'étage sont décorées de l'alan ou
» molosse héraldique des Fiènes. On communique d'un étage à l'autre par de
» nombreux escaliers en vis dont la construction, tout en briques, est très-curieuse.
» On remarque, sous la tour d'angle qui termine cette aile droite, un souterrain
» octogone qui servait de prison, ainsi que l'attestent la borne garnie de chaînes qui

» en occupe le centre et le cabinet d'aisance placé à l'un de ses angles. La hauteur
» des tours flanquantes du donjon est de 84 pieds, et la longueur des côtés de
» l'enceinte est de 206 1/2 pieds sur 214 1/2.

» Un recensement de ce domaine eut lieu sous le règne d'Élisabeth ; on lit dans
» le procès-verbal qui en existe encore dans les archives du château, que c'est par
» mesure de salubrité que l'on a desséché le fossé, autrefois plein d'eau, qui entoure
» les trois côtés sud, occidental et nord de l'enceinte, ainsi que l'étang qui en baignait
» le quatrième côté.

» Le château est entièrement construit en briques ; les murs sont très-épais, et
» l'on n'y a employé la pierre que pour les cordons, consoles, larmiers, fenêtres
» et portes. Tout est encore parfaitement conservé ; on ne remarque de lézardes ou
» fissures en aucune partie de l'édifice. Notons en passant que cette construction en
» briques est une des plus anciennes de l'Angleterre, depuis la rénovation de ce
» genre de matériaux au moyen âge (1).

» Le site du château est des plus agréables. C'est un gracieux mélange de collines
» et de plaines, les unes couvertes de beaux bois, et les autres arrosées par de
» limpides étangs. Du haut de l'édifice, on embrasse un superbe horizon, dont les
» points les plus saillants sont, d'une part, le plateau de Pevensey, au centre duquel
» s'élèvent, sur une légère éminence, la ville de ce nom et son vieux château en
» ruine, et, d'autre part, la mer, les collines d'Hastings et des dunes hautes
» comme de véritables montagnes. Relativement à ses dépendances, le château est
» situé à la limite sud du parc, et son sol est très-sec, bien que son niveau soit
» au point le plus bas de la vallée (2). »

N°. 9. PLANCHE I. — Plan général ; façade du côté sud ; élévation, coupe et plan
de l'une des tours de l'enceinte.

Il ne reste plus de ce noble castel que ce qui figure au plan général que
nous en donnons ici, c'est-à-dire le mur d'enceinte et le donjon d'entrée.

---

(1) Les Romains bâtissaient beaucoup en briques, mais, à la chute de leur Empire, les peuples
du Nord abandonnèrent généralement l'usage de cette excellente espèce de matériaux.

(2) Extrait du tome V des *Antiquités de l'Angleterre et du pays de Galles*, par Francis Grose,
écuyer et membre de la Société des Antiquaires.

Toutes les constructions intérieures ont été démolies, et leur emplacement est maintenant converti en jardin. D'après les indications des auteurs susmentionnés, l'intérieur du château était donc autrefois divisé en trois cours, dont la plus grande, située au sud-est, était entourée de galeries sur trois de ses côtés, tandis que la halle en occupait le quatrième. Grose a donné une vue du côté sud de cette cour; et comme la façade intérieure du donjon y est comprise, on remarque que la grande porte d'entrée y débouchait vers l'angle sud-ouest, et qu'elle se trouvait en ligne droite avec la porte de la halle, ainsi qu'avec la porte qui se trouve encore au centre du côté nord de l'enceinte. Les galeries se composaient d'une suite d'arcades ouvertes, en ogive surbaissée, et portées par de minces piliers; elles étaient surmontées d'un étage consistant en une suite de chambres dont les fenêtres étaient semblables à celles de la façade intérieure du donjon. A gauche de cette cour principale s'en trouvait une autre plus petite, contenant un puits, et c'est là qu'étaient renfermés la boulangerie, la cuisine, la laiterie et les autres offices qui se trouvaient dans le prolongement de l'aile gauche de la halle. Il semblerait, d'après la vue que Grose nous a laissée de l'intérieur de cette halle, que sa charpente ornementale était dans le genre de celle de la halle du palais de Croydon : elle était composée de belles fermes dont les retombées arquées s'appuyaient sur des culs-de-lampe sculptés en tête de molosse; les murs étaient recouverts de lambris jusqu'à hauteur d'appui des fenêtres, et un écran, surmonté d'une galerie d'orchestre, traversait la salle vers son extrémité occidentale, pour y former l'antichambre et cacher les communications avec les offices. Ainsi que c'était alors la coutume, des bois de cerf étaient mêlés à l'ornementation de cette salle, que l'on suppose avoir été longue de 80 pieds au moins. La chapelle, située au nord de la halle, en était séparée par une étroite cour; mais il ne reste plus de tout cela le moindre vestige, et nous en avons en vain recherché quelque trace de substructions. Les principaux appartements qui composaient le côté oriental du quadrangle, avaient été décorés dans un style plus moderne que celui de l'architecture primitive du château, et plusieurs de leurs anciennes fenêtres avaient été agrandies et garnies de châssis en boiserie. Il est probable que ces changements dataient, ainsi que le grand escalier, de l'époque du mariage de lady Dacre avec sir Lennard.

On peut juger, d'après l'élévation entière que nous en donnons ici, de l'ordonnance générale, des belles proportions et de la parfaite régularité de la façade sud du château. Les tours octogones angulaires ont même hauteur que celles du donjon ; mais ces dernières sont surmontées de tourelles rondes servant de postes d'observation. Au centre de chacun des trois autres côtés de l'enceinte se trouve appliquée une tour semblable à celles des angles ; et le milieu des courtines qui relient toutes ces grandes tours est fortifié par une tour sémi-octogonale, de moindres dimensions et ayant la même élévation que le mur d'enceinte. On remarque, dans les anciennes vues de ce château prises avant son démantèlement, un très-grand nombre de souches de cheminées qui se projettent au-dessus des parapets de couronnement comme de sveltes tourelles (1).

La tour centrale, marquée C sur le plan général et qui est représentée, fig. 2, en élévation, coupe et plan, paraît avoir servi de grande fenêtre ou de loge d'éclairage à un salon qui était contigu au haut-bout de la halle. La partie supérieure de cette tour formait une petite chambre dont la coupe et le demi-plan B font voir la disposition intérieure. Toutes les grandes halles qui datent du même temps que celle de Herstmonceaux étaient disposées de la même façon ; ce salon contigu était appelé la grande chambre (great-room), et son ornementation comportait, ainsi que celle de la halle même, une grande fenêtre en saillie, dite oriel, et un dais d'honneur sous lequel était placée la table du seigneur châtelain (2).

N°. 10. PLANCHE II. — Plans divers du donjon.

Le passage de la grande entrée du château était couvert d'une élégante voûte d'arête qui n'existe plus. Ses nervures étaient en croisées d'ogives et se coupaient, par conséquent, diagonalement (3). On remarque avec surprise que ce passage était muni d'une cheminée.

---

(1) Voir, à ce sujet, la gravure qu'en ont publiée, en 1737, Samuel et Nathaniel Buck. C'est une vue prise du côté sud-ouest ; elle suffit pour donner une idée satisfaisante de ce qu'était alors ce remarquable édifice. Dans la première des gravures que Grose en a données dans le tome V de ses *Antiquités*, on voit également poindre un grand nombre de cheminées au-dessus des combles, et l'on remarque, en outre, une girouette qui se trouvait très-probablement placée au-dessus de la chapelle.

(2) Voir, à ce sujet, le tome II des *Spécimens* de Pugin et les *Environs de Londres*, par Lysons. Il se trouve dans ce dernier ouvrage un plan complet du palais de Hampton-Court.

(3) C'est par erreur que notre planche donne une autre forme à cette voûte.

Les deux chambres du premier et du second étage du donjon étaient éclairées par de jolies fenêtres percées dans les façades extérieure et intérieure, et elles communiquaient directement avec les petites pièces situées sur leurs paliers respectifs, ainsi qu'il est indiqué aux plans.

Les tourelles rondes qui surmontent les tours flanquantes de la porte d'entrée servaient de postes d'observation dans les temps de guerre ou de troubles. Elles sont d'un effet très-pittoresque dans l'aspect général du château. On y entre au moyen de petites portes qui s'ouvrent sur la couverture en plate-forme des tours ; et leurs petites fenêtres sont disposées de telle manière qu'elles ont vue sur tout le développement de l'enceinte.

N°. 11. Planche III. — Façade extérieure du donjon.

Cette façade, si pleine de noblesse, mérite une attention toute particulière. Les détails de son ornementation suffisent pour lui donner un certain air de richesse ; mais ils sont traités avec une sage sobriété qui n'ôte rien au cachet de force et de sévérité dont l'ensemble de l'édifice est empreint. Elle mérite d'être comparée à celle de la tour d'entrée du château d'Oxborough, qui n'est postérieur que de quelques années au donjon de Herstmonceaux. Sous le rapport du style architectonique, comme sous celui des matériaux, il règne entre ces deux édifices la plus grande analogie. La tour d'Oxborough a un peu plus d'élévation, mais le donjon de Herstmonceaux a beaucoup plus d'étendue, et il l'emporte surtout sur sa rivale par ses qualités défensives et par son aspect plus militaire ; bref, ces deux édifices sont deux types qui mettent parfaitement en évidence les différences caractéristiques qui existaient dans l'architecture anglaise du moyen âge, entre le véritable château fort destiné à soutenir un siége, et le manoir sémi-militaire, qui n'avait d'une forteresse que les apparences, ou qui était tout au plus assez fort pour pouvoir faire face à un coup de main de brigands ou d'émeutiers.

On accédait à cette tour d'entrée au moyen d'un pont sur arches, terminé par un pont-levis. La grande arcade qui décore le centre de la façade couvre une batterie de mâchicoulis pratiqués dans le plancher du second étage. Le parapet de couronnement des tours est également armé de mâchicoulis. La pierre ornementale qui se trouve entre les fenêtres de l'étage supérieur représente la bannière du fondateur, portée par le molosse héraldique des Fiènes.

N°. 12. — PLANCHE IV. — Coupe longitudinale du donjon.

Au moyen de cette coupe et des deux dernières planches, on possède tout ce qu'il faut pour connaître à fond ce qui concerne la composition, l'étendue et les proportions de cette admirable tour d'entrée, et nous donnons d'ailleurs, sur cette planche, les profils des principales moulures qui la décorent. L'étroite rainure verticale, pratiquée de chaque côté de la porte dans l'épaisseur du mur de façade, semble avoir été disposée pour le jeu d'une herse, mais cette pièce défensive n'a jamais existé, et cela probablement parce qu'on aura pensé que le tablier du pont-levis pouvait en tenir lieu. Les deux autres rainures que l'on remarque à droite et à gauche de la fenêtre du premier étage, étaient destinées à loger les flèches et à permettre la manœuvre du pont-levis.

N°. 13. PLANCHE V. — Détails du donjon.

Les fig. 1 et 2 représentent en élévations intérieure et extérieure, ainsi qu'en coupe, l'une des meurtrières qui éclairent et défendent les tours du donjon aux divers étages. Elles sont en forme d'arbalétrière, et l'on remarque en contre-bas de celles du rez-de-chaussée des embrasures circulaires qui étaient probablement destinées au tir des anciennes arquebuses à mèche et à chevalet. La fig. 3 donne l'élévation et les moulures principales de la belle fenêtre du premier étage.

N°. 14. PLANCHE VI. — Autres détails du donjon.

On peut juger, d'après le tracé complet que nous en donnons ici (fig. 1 et 2), de la hardiesse et du talent dont l'architecte a fait preuve dans la composition du couronnement de cette belle tour. Son arcature ogivale est en briques, et ses consoles, en pierre de taille, sont formées de trois assises en retraite qui assurent une grande solidité à l'encorbellement. Tous ces détails ont été levés d'après nature et avec la plus grande exactitude,— travail qui n'a pas été sans danger pour l'artiste qui l'a exécuté, vu l'état de délabrement dans lequel se trouve maintenant cette partie de l'édifice.

La fig. 3 représente l'amortissement de l'une des fenêtres géminées du deuxième étage, ainsi que les profils de ses jambage et meneau.

CHATEAU DE WARWICK, COMTÉ DE CE NOM.

« Magnifique monument de la splendeur des temps
» chevaleresques qui a résisté jusqu'à ce jour aux
» injures du temps. »

(WALTER SCOTT.)

La première fondation du château fort de Warwick est antérieure à la conquête des Normands, mais on n'a pu jusqu'ici en déterminer l'époque précise. Guillaume Ier en accrut l'étendue et les fortifications, et c'est à partir de là qu'il fut considéré comme étant l'une des plus importantes forteresses du royaume. Sous les règnes d'Édouard III et de Richard II, les comtes de Warwick, de l'illustre famille des Beauchamp, y firent construire de magnifiques bâtiments d'habitation qui se trouvent maintenant encore dans un état presque parfait de conservation, ce qui fait que ce château est actuellement un des plus précieux spécimens de notre ancienne architecture militaire.

En 1604, sir Fulke Greville, qui, de domestique de la reine Élisabeth, était devenu conseiller de Jacques Ier et ami de Philippe Sydney, reçut en fief de la Couronne le château de Warwick, alors en ruine et dont les restes les mieux conservés avaient été convertis en prison du comté. Ce gentilhomme, connu plus tard sous le nom de lord Brooke, dépensa vingt mille livres sterling à le restaurer et à l'embellir, et c'est à raison de ces travaux que William Dugdale, dans ses *Antiquités du Warwickshire*, le proclame la résidence la plus princière de la partie centrale de l'Angleterre.

En 1642, le château de Warwick, défendu par des troupes de l'armée parlementaire, fut débloqué, après seize jours de siège, par lord Robert Brooke, le même qui, après avoir pris une part très-active aux événements de cette époque, fut tué à la prise de Lichtfield. Ayant été excepté de l'arrêt de démantèlement porté par le long parlement contre tous les châteaux forts du pays, celui de Warwick fut de nouveau restauré sous le règne de Charles II par Robert, comte de Brooke. Depuis lors, de grandes dépenses y ont été successivement faites par des membres de cette noble famille, surtout par le dernier comte de ce nom, en vue d'en améliorer les bâtiments d'habitation et d'en rendre les abords plus commodes. On conçoit de reste que, pour atteindre ce but, il a été porté plus d'une atteinte au caractère primitif de ce vieux monument, d'autant plus que l'on n'est que trop porté à s'imaginer qu'il y a incompatibilité réelle entre les habitations si pleines de grandeur du moyen âge et les exigences du comfort domestique moderne. Pour être juste, nous devons toutefois reconnaitre ici que les nobles propriétaires du domaine de Warwick ont héréditairement fait preuve d'une louable et intelligente sollicitude pour maintenir, autant que possible, en harmonie de style les anciennes et les nouvelles constructions qui composent ce château.

N°. 15. Planche I. — Tour de Guy, ou donjon du château.

Cette majestueuse tour fut fondée et achevée en 1393 par Thomas Beauchamp, comte de Warwick. Ce personnage, aussi remarquable par sa haute intelligence que par sa capacité militaire, avait été nommé par le parlement membre du conseil de régence pendant la minorité de Richard II ; mais ce prince ayant, à l'époque de sa majorité, éloigné de la cour ses anciens conseillers, pour les remplacer par d'incapables et licencieux favoris, le comte se retira dans son domaine de Warwick et y consacra son temps à faire bâtir et à fonder des œuvres de charité. C'est alors qu'il dota la ville de Warwick de l'église collégiale de Notre-Dame, et qu'il ajouta au château le donjon dont il s'agit ici, et auquel il donna le nom de *Tour de Guy*, en souvenir de Guy, comte de Warwick, héros qui, suivant la légende, vainquit, en 926, à Winchester et en présence du roi Athelstan, le fameux géant danois Colbrant dans un combat singulier (1).

L'aspect de ce donjon est imposant et formidable ; engagé dans l'enceinte murale du château, à son extrémité nord-est, il est en forme de décagone régulier, et ses murs extérieurs s'élèvent verticalement depuis le soubassement jusqu'au couronnement crénelé. Les eaux d'un fossé, actuellement desséché et comblé en partie, en baignaient autrefois la base du côté extérieur à l'enceinte.

---

(1) D'après Dugdale, une tapisserie de Flandre représentant ce fait d'armes décorait autrefois une des salles du château, et elle était considérée comme un meuble tellement précieux, qu'il en est fait mention dans les patentes royales relatives aux concessions du fief.

La fig. 1 de cette planche représente l'élévation extérieure de ce donjon : les trois grandes fenêtres ogivales que l'on y voit éclairent les pièces principales des premier, deuxième et troisième étages ; les petites fenêtres rectangulaires qui les surmontent appartiennent à l'étage supérieur ; les escaliers, de même que les cabinets des divers étages, ne reçoivent de jour que par d'étroites meurtrières ; enfin, la prison, qui occupe la base de la tour, est également éclairée par d'étroites meurtrières, mais seulement du côté intérieur à l'enceinte.

Ainsi que le montre la coupe (fig. 2), chacun des cinq étages que comporte le donjon est couvert d'une voûte d'arête à nervures en pierre. On remarque une cheminée à chaque étage, sauf à celui supérieur, qui ne se compose que d'une seule pièce, laquelle servait probablement, en cas de siége, de dernière place d'armes pour la défense.

Les cinq plans de la figure 3 suffisent pour faire connaître la distribution de chaque étage. La hauteur des points de section y est indiquée par des lettres de repère. L'épaisse voûte du couronnement est couverte d'une plate-forme légèrement conique en plomb. Des deux escaliers en vis qui sont pratiqués dans l'épaisseur des murs, l'un donne accès à chaque étage, tandis que l'autre n'a de débouché que sur la toiture et prend naissance à l'extérieur du donjon au moyen d'une rampe à ciel ouvert qui est située sur le rempart d'enceinte, côté du nord.

CHATEAU DE KENILWORTH, COMTÉ DE WARWICK.

« Les ruines massives du château de Kenilworth ne
» servent plus qu'à montrer quelle fut autrefois sa
» splendeur, et à faire sentir au voyageur la valeur
» passagère des biens de ce monde et le bonheur
» de ceux qui jouissent d'une humble fortune et de
» la paix du cœur. »

(WALTER SCOTT.)

Moins favorisé par le sort que ne le fut celui de Warwick, le château de Kenilworth a depuis longtemps été démantelé, et les restes de ses anciennes tours et de ses vastes salles achèvent maintenant de tomber en ruine. C'était autrefois un immense et magnifique édifice, composé de bâtiments successivement construits pendant une longue période de cinq siècles, et qui constituait par conséquent une précieuse collection de spécimens de tous les styles architectoniques qui furent en vogue, depuis le lourd normand jusqu'au capricieux mélange de gothique et d'italien connu sous le nom de *style Élisabeth* (1). On trouve dans les *Antiquités du Warwickshire*, ouvrage publié en 1656 par sir William Dugdale, un historique fort bien fait de Kenilworth; il est accompagné de très-bonnes gravures par Hollar, qui sont d'autant plus intéressantes que les vues qu'elles représentent ont été prises avant la destruction du château par la hache républicaine.

Le château de Kenilworth fut fondé par Geoffrey de Clinton, personnage de naissance obscure qui sut s'élever par sa haute capacité aux premières dignités de l'État. Henry Ier lui confia successivement les charges de lord-chambellan, lord-trésorier et lord-chef-de-justice d'Angleterre. Ayant acquis de grands biens, il établit sa principale résidence à Kenilworth, où il fonda d'abord un prieuré de moines réguliers de saint Augustin, et puis un château auquel était annexé un grand parc pour la chasse. Dans les premières années du règne de Henry II, le domaine de Kenilworth faisait partie des biens de la Couronne, car un shérif était chargé, en 1164, d'en administrer les revenus. En 1172, le même monarque fit fortifier, approvisionner et occuper le château par des troupes royales pour le mettre à l'abri des entreprises du parti insurrectionnel, qui avait pour chef le prince Henry, son fils aîné, qu'il avait eu l'imprudence d'associer à son pouvoir souverain. Geoffrey de Clinton, fils du fondateur, rentra plus tard en possession du domaine de son père, mais ne le garda que peu de temps; car, d'après les documents historiques cités par Dugdale, le château de Kenilworth fit partie des biens de la Couronne jusqu'en 1255, époque à laquelle Henry III le concéda en fief viager à Simon de Montfort, comte de Leicester, et à Éléonore, sœur du roi, que ce gentilhomme avait épousée.

---

(1) Bel édifice, dit Walter Scott, qui présentait sur ses différentes façades de magnifiques échantillons de toutes les espèces d'architecture, depuis la conquête jusqu'au règne d'Élisabeth, avec le style et les ornements particuliers à chaque époque. L'histoire ne fait pas remonter l'antiquité de ce château plus haut qu'aux temps de l'heptarchie; mais quelques antiquaires prétendent qu'il fut fondé au temps de *Kenelp*, roi saxon de la Mercie, qui lui donna son nom; tandis que, suivant d'autres, il doit avoir été bâti peu de temps après la conquête des Normands.

Peu d'années après cette investiture, le comte de Leicester se mit à la tête de la ligue des barons contre l'autorité royale et se distingua par sa valeur et son habileté dans la guerre civile qui s'ensuivit ; mais il fut tué, ainsi que son fils Henry de Montfort et un grand nombre d'autres gentilshommes, au combat livré à Evesham le 14 août 1265. Henry de Hastings, qui avait été nommé gouverneur du château de Kenilworth par Simon de Montfort, fils cadet du comte de Leicester, le défendit courageusement pendant six mois contre les troupes royales et ne capitula, vers la fin de 1266, que pour cause de famine. Le roi fit alors don de ce domaine à son second fils Edmond Crookback (*le bossu*), comte de Lancastre, de Leicester et de Derby, et qui portait, en outre, le titre de roi de Sicile. En 1322, Kenilworth fit retour à la Couronne par suite de la forfaiture encourue par Thomas, comte de Lancastre, qui, ayant été fait prisonnier à Boroughbridge, dans le Yorkshire, fut décapité quelques mois après à Pontefract.

L'infortuné Édouard II fut, en 1326, transféré comme prisonnier du château de Monmouth à celui de Kenilworth, et c'est ici que, le 20 janvier suivant, une députation, conduite par les évêques de Lincoln et d'Hereford, vint lui notifier l'arrêt de sa déchéance (1).

Le roi Henry III rendit à Henry de Lancastre, frère et héritier du dernier comte de ce nom, le château de Kenilworth et tous les autres biens de sa famille qui avaient été confisqués du chef de forfaiture, et c'est le fils et héritier de cet Henry de Lancastre qui fut, en 1353, créé duc, titre jusque-là inconnu en Angleterre. Le duc Henry étant mort sans laisser d'héritiers mâles, ses domaines passèrent à ses deux filles, et le château de Kenilworth échut en partage à Blanche, la cadette, qui épousa le prince Jean de Gaunt (ou de Gand), créé depuis duc de Lancastre. Le roi Henry IV ayant hérité de Kenilworth du chef de son père, ce domaine fut, dès lors, annexé au duché de Lancastre, et y resta jusqu'en 1485, première année du règne de Henry VI, et époque à laquelle il fut transféré de ce duché à celui de Cornouailles, en vertu d'un acte du parlement. Kenilworth continua de faire partie

---

(1) Là aussi, dit Walter Scott, Mortimer, comte de Marck, fameux par son élévation et par sa chute, avait donné de brillantes fêtes pendant que son souverain détrôné, Édouard II, languissait dans les cachots du château.

des domaines de la Couronne jusqu'à ce qu'il plût à la reine Élisabeth d'en gratifier, par lettres patentes datées de 1562, son favori lord Robert Dudley, qu'elle créa plus tard baron de Denbigh et comte de Leicester. A sa mort, survenue en 1588, Leicester légua ce domaine à son frère Ambroise, comte de Warwick, qui ne lui survécut que d'une année ; et, comme il n'avait pas d'enfants, Robert Dudley, qui était fils naturel du favori d'Élisabeth et qui avait pour mère une lady Douglas Sheffield, prit possession de Kenilworth en vertu d'une disposition testamentaire de son père ; mais, à défaut de pouvoir prouver la légitimité de sa naissance et par suite de l'une de ces mesures arbitraires qui ternirent le règne de Jacques Ier, il fut déclaré en état de forfaiture et inhabile à hériter des biens du comte de Leicester, qui furent, en conséquence, saisis au nom du roi. Il fut constaté, par le recensement fait à cette occasion, que la valeur de ces biens montait à 38,554 livres sterling 15 schellings. Henry, prince de Galles, considérant Kenilworth comme étant la plus noble et la plus magnifique résidence de cette partie du royaume, offrit en 1611, à sir Robert Dudley, une somme de 14,500 livres pour prix de sa renonciation à toute prétention au château et à ses dépendances, — proposition qui fut acceptée par cet infortuné propriétaire (1).

Lorsque le prince Henry mourut, en 1612, il n'avait encore été payé que 3,000 livres en à-compte sur ce marché, ce qui n'empêcha pas son frère Charles de réclamer Kenilworth comme faisant partie de son héritage, et c'est à la suite des négociations qui eurent lieu à ce sujet que le parlement autorisa, en 1612, lady Alice, femme de sir Robert Dudley, à aliéner ses droits de copropriétaire pour une somme de 4,000 livres. Peu après son avénement au trône, en 1625, Charles Ier concéda en dotation viagère et successive le château de Kenilworth et ses dépendances à Robert Carey, comte de Monmouth, et à ses fils Henry et Thomas ; mais, en 1649, ce domaine fut saisi par le parlement, comme appartenant aux biens de la Couronne, et donné en dotation à plusieurs officiers de l'armée révolutionnaire. C'est la sordidité de ces nouveaux propriétaires qui fut cause de la destruction de ce magnifique mo-

---

(1) Robert Dudley, étant alors allé habiter l'Italie, y jouit de toute la faveur du grand-duc de Toscane et de l'empereur Ferdinand II, qui le créèrent duc.

nument des temps passés, car, pour faire de l'argent, ils en firent arracher le plomb des toitures, ainsi que tous les matériaux vendables. Enfin, à l'époque de la restauration de Charles II, la famille du comte de Monmouth fut remise en jouissance viagère de Kenilworth, et, à l'expiration de la donation temporaire que lui en avait faite Charles I*er*, une patente royale en accorda la réversion à Laurence, lord Hyde, créé ensuite baron de Kenilworth et comte de Rochester, et c'est du chef de ce dernier et par suite d'alliance que ce domaine appartient maintenant au comte de Clarendon.

Kenilworth, vu son état de ruine, serait depuis longtemps oublié, si la magique plume de l'auteur de *Waverley* ne l'avait fait revivre par la description des splendides fêtes que le comte de Leicester y donna en 1575 à la reine Élisabeth (1).

Les admirateurs de notre vieille architecture doivent regretter la destruction prématurée de cet intéressant monument, car ce qui en reste encore suffit pour prouver qu'il n'était inférieur à aucune des résidences baroniales du royaume.

Les principaux bâtiments du château entouraient une cour quadrangulaire de forme oblongue et irrégulière. Le côté du nord était occupé en majeure partie par la *tour de César* (2), épais donjon carré dont la construction, contemporaine à la première fondation du château, paraît remonter aux premières années du XII*e* siècle. Pour le mettre hors d'état de défense, Cromwell le fit démanteler du côté extérieur; et, grâce à l'énorme épaisseur de ses murailles, il est probable que ses débris dureront beaucoup plus longtemps que les autres ruines de l'ancien château. A la gauche du donjon, le côté nord du quadrangle était complété par de vastes cuisines et offices qui le reliaient à la halle. A l'est de la cour se trouvaient deux grands bâtiments dont l'un, contigu au donjon,

---

(1) Le roman de *Kenilworth* fut publié en 1821. La description architecturale qui y est faite du château s'accorde très-bien avec celle que nous traduisons ici, bien que cependant les deux auteurs semblent avoir puisé à des sources différentes. Il est, en effet, assez étrange que Walter Scott ne fasse nulle mention de Dugdale, seule autorité citée dans le texte de M. Willson, et que ce dernier ne dise mot du *Kenilworth Decrit* de Robert Lancham, que l'illustre romancier signale comme étant une des plus belles publications, *en fait d'antiquités*, qui aient paru depuis longtemps. C'est probablement dans ce dernier ouvrage que Walter Scott a puisé plusieurs données historiques très-intéressantes, que M. Willson a eu tort de ne pas comprendre dans le cadre de sa notice.

T.

(2) « Ainsi nommée peut-être à cause de sa ressemblance avec le donjon de la tour de Londres
» qui porte le même nom. » (WALTER SCOTT.)

était appelé *Logement du roi Henry VIII*, et l'autre portait le nom de *Bâtiment de Leicester* (1); ce dernier était un édifice irrégulier, de grande élévation et contenant plusieurs grands appartements décorés dans le style mixte qui dominait au temps d'Élisabeth. Le corps de logis du roi Henry était aussi à deux étages, mais il avait moins de hauteur que le précédent. Le côté sud du quadrangle consistait en une suite d'appartements d'apparat dont les pièces principales étaient désignées sous les noms de *Chambre Privée*, *Chambre de Présentation* et *Salon Blanc*. Enfin la halle, ou grande salle des cérémonies, complétait le circuit, en embrassant avec ses dépendances tout le côté occidental de la cour; ce corps de logis s'appelait *Bâtiment de Lancastre* (2).

Ce vaste édifice occupait à peu près le centre d'une grande cour extérieure qu'entourait un immense mur d'enceinte, couronné de parapets crénelés, fortifié par des tours et contreforts et embrassant un espace de sept acres (3).

La description générale qui précède étant suffisante pour donner une idée exacte de ce qu'était ce magnifique monument à l'époque de sa plus grande splendeur, c'est-à-dire au temps du favori d'Élisabeth, il ne nous reste plus, pour rester dans les limites de notre cadre, qu'à faire l'exposition des types que nous lui avons empruntés pour en enrichir ce Recueil.

N°. 16. Planche I. — Vestibule servant d'entrée, par la cour intérieure,
aux appartements d'apparat.

Les bâtiments qui composent le côté sud du quadrangle sont en ruine; mais la partie de leur façade intérieure, qui comprend l'appendice que nous allons décrire, est assez intacte pour qu'il nous ait été possible d'en faire le lever complet. C'est un ves-

---

(1) « On dit que Leicester ne dépensa pas moins de 12 millions de francs à l'embellissement du
» château et à l'amélioration des domaines qui en dépendaient. Il avait surpassé ceux qui l'avaient
» possédé avant lui, tout magnifiques et puissants qu'ils eussent été, en élevant un autre corps de
» bâtiment qui maintenant est enseveli sous ses ruines, emblème de l'ambition de son fondateur. »
(2) « Le vieux Jean de Gand, de l'antique race des Lancastre, avait beaucoup agrandi le château,
» en élevant le vaste et massif bâtiment qui porte encore son nom. »
(3) « Une partie de cet enclos était occupée par de vastes écuries et par un jardin de plaisance
» avec ses bosquets et ses parterres; le reste formait la grande cour ou cour extérieure du
» noble château. » (Walter Scott.)

tibule ou porche fermé, de forme octogone, à deux étages, faisant saillie sur la façade de l'édifice et renfermant, à l'un de ses angles, un escalier en hélice qui conduit à l'étage. Ainsi que le montrent la grande coupe et les détails que comporte cette planche, le rez-de-chaussée de ce vestibule est couvert d'une voûte d'arête à nervures élégamment moulurées.

N°. 17. PLANCHE II. — Façade du même vestibule et détails.

Les fenêtres de l'étage sont remarquablement belles, et il est plus que probable qu'elles étaient semblables à celles qui éclairaient le premier étage de tout ce corps de logis. On voit, à la planche précédente, quelle était la disposition intérieure de ces fenêtres, ainsi que leur plan. On croit que l'étage du vestibule donnait jour à une pièce qui séparait la *Chambre de Présentation* de la *Chambre privée*, et qu'il était en communication avec une cage d'escalier située en saillie sur la façade extérieure de ce côté du quadrangle.

N°. 18. PLANCHE III. — Coupe longitudinale et plan de la halle.

Cette coupe embrasse toute l'étendue du côté occidental du quadrangle : elle comporte donc la halle et ses deux ailes ou tours. Le plan qui l'accompagne est celui de la façade extérieure. La halle est longue de 80 pieds et large de 45 ; ses murs de côté ont 52 pieds de hauteur. Ses combles, peu élevés, étaient divisés en six travées par des fermes en charpente ornementée ; mais, comme il n'en reste plus la moindre trace, il est impossible de savoir quels étaient le genre de construction et le style d'ornementation de cette charpente. La principale entrée de la halle était couverte par un porche voûté qui occupait l'angle nord-ouest de la cour intérieure, et l'on y accédait au moyen d'une large rampe d'escalier maintenant en ruine. Le haut bout de la halle était disposé d'une manière toute exceptionnelle : ainsi qu'on le voit sur la coupe, ce haut bout embrassait toute une travée, et son plafond en voussure, formant dais, était beaucoup plus bas que le plafond en charpente de la salle. A cette même travée correspondait, du côté de la cour intérieure, une grande fenêtre en loge, de plan polygonal, formant cabinet avec foyer et communiquant par une porte avec les grands appartements d'apparat ; tandis que, du côté de la cour extérieure, lui correspondait un autre cabinet embrassant la moitié de la largeur de la grande tour angulaire qui termine ce côté du quadrangle, et communiquant avec la galerie qui occupait l'autre moitié de cette même tour et qui menait aussi aux grands appartements d'apparat. Quant à l'autre extrémité de la halle (côté du nord), trois portes percées dans le mur de pignon menaient aux cuisines et offices, et une autre porte, pratiquée dans l'embrasure de la dernière fenêtre (côté de la cour extérieure), débouchait dans un corridor étroit où se trouvait l'escalier de la tour nord-ouest. Cette tour était divisée en trois étages solidement voûtés (1). Sous la halle s'étendait une vaste cave voûtée à double rang d'ogives, dont les retombées ou pendentifs portaient sur huit colonnes. On entrait dans cette cave par une descente voûtée pratiquée sous le porche et débouchant dans la cour, et c'était par le même passage que l'on arrivait à une poterne située sous l'angle sud-ouest de la halle. Cette poterne, munie d'une herse, avait sans doute pour destination de servir de porte secrète de secours en temps de siége.

N°. 19. PLANCHE IV. — Élévation et coupe d'une fenêtre de la halle.

La halle était éclairée par sept fenêtres pareilles à celle ici reproduite. La façade donnant sur la cour intérieure n'en comportait que trois, à cause du porche d'entrée. A l'extérieur, ces fenêtres sont d'une très-grande simplicité et sans aucune ornementation ; mais, à l'intérieur de la salle, leur ébrasement embrasse toute l'épaisseur des murs, et leurs tableaux sont ornés de compartiments moulurés en conformité de dessin avec le réseau et les meneaux des fenêtres. Comme composition et comme proportions, ce fenêtrage est d'une beauté sans égale ; il diffère de ceux des plus belles salles connues de l'espèce, telles, par exemple, que les halles des palais d'Eltham, de Hampton-Court et de Crosby, en ce que dans celles-ci l'appui des fenêtres est à une très-grande distance du sol, tandis qu'à Kenilworth les fenêtres descendent jusqu'au plancher et n'ont de plein que tout juste ce qu'il en faut pour recevoir les petits bancs en pierre qui garnissent leurs embrasures.

---

(1) Cette tour est celle de *Mervyn*, qui joue un si grand rôle dans le roman de *Kenilworth*. Elle est tout aussi fidèlement, mais beaucoup mieux décrite par le romancier que par l'archéologue Willson.

T.

— 31 —

N°. 20. Planche V. — Détails de la même fenêtre.

Toutes les figures que comporte cette planche étant désignées par la légende qui les accompagne, il serait superflu d'en donner ici de plus amples explications.

N°. 21. Planche VI. — Fenêtre en loge (ou oriel) située à l'angle sud-ouest de la cour intérieure.

C'est le cabinet dont nous avons parlé en décrivant la disposition intérieure du haut bout de la halle. Il est éclairé par quatre baies, dont deux à simple jour et deux à double jour sur la largeur. Les lettres de repère A et B indiquent la hauteur des points de section auxquels ont été pris les deux demi-plans de cette loge. Son fenêtrage est en parfaite concordance de style avec les fenêtres représentées à la planche II ci-dessus. Toutes ces fenêtres étaient autrefois garnies de barreaux de fer, qui n'existent plus (1).

N°. 22. Planche VII. — Cheminée de la halle.

Deux cheminées de même dessin servaient à chauffer cette grande salle. Elles étaient situées, en face l'une de l'autre, le long des grands murs de côté. On peut juger, par celle ici reproduite, de la hardiesse et de la pureté de leur composition; quoique moins élégante que celle des fenêtres, leur ornementation est en harmonie avec cette dernière.

Comme il ne se trouve plus parmi les ornements des magnifiques ruines de Kenilworth aucun écusson qui indique l'époque de construction des divers bâtiments qui le composent, ce n'est que par analogies de style que l'on peut en déterminer les

---

(1) Cette armature consistait, pour chaque fenêtre et pour chaque jour, en deux montants verticaux et sept traverses. C'était la disposition ordinairement suivie; et, dans la plupart des anciens châteaux, on mettait aux fenêtres, en outre d'un semblable barrage en fer, d'épais volets de chêne garnis de pentures ornementées et portés par de solides gonds.

âges respectifs. C'est ainsi que l'on suppose que la halle a été fondée vers le milieu du XV° siècle, cinquante années environ après la mort de Jean de Gand, qui avait été cependant considéré jusqu'ici comme fondateur des bâtiments dits *de Lancastre* (1).

---

(1) Notamment par Dugdale. Comme le chambranle de la porte de la salle est d'un style plus ancien que le reste de l'édifice, on est en droit de supposer que c'est une pièce de rapport, provenant des travaux entrepris par Jean de Gand. Les détails de ce chambranle sont en effet très-différents de ceux des fenêtres.

L'illustre romancier que nous nous sommes plu à citer plusieurs fois en notes dans le cours de cette description, à cause de sa fidélité en ce qui concerne l'historique du château de Kenilworth, et de la concordance remarquable que nous avions constatée entre les détails descriptifs qu'il en donne et ceux contenus en cette notice de M. Willson sur Kenilworth, Walter Scott, disons-nous, a commis, au sujet de la halle, la même erreur que Dugdale, car, ainsi que nous l'avons déjà vu, il attribue à Jean de Gand la construction du vaste et massif bâtiment qui porte encore aujourd'hui son nom, c'est-à-dire la halle.

T.

CHATEAU DE RAGLAN, COMTÉ DE MONMOUTH.

Comme le Monmouthshire ne fut incorporé à l'Angleterre qu'en 1535, époque à laquelle Henry VIII supprima la vieille organisation politique du pays de Galles et partagea cette principauté en 12 comtés, on doit à la rigueur ranger le château de Raglan au nombre des anciennes forteresses galloises (1). Il règne quelqu'obscurité sur l'histoire primitive de ce domaine féodal, et sir William Dudgale cite à ce sujet, dans son *Livre du Baronnage*, deux documents qui impliquent contradiction. Suivant l'un de ces documents, en effet, le manoir de Raglan aurait été, au temps de Richard II, la résidence du chevalier John Morley, et ce domaine serait passé à la famille des Herbert par le fait du mariage de Mathilde, fille et héritière du chevalier John, avec un membre de cette famille; tandis que d'après l'autre version, — et nous croyons celle-ci plus authentique que la première, — il se trouvait à Raglan, dès le règne de Henry II, un château dont le puissant seigneur était Richard de Clare, comte de Pembroke, surnommé *strongbow*, qui le transmit à Walter Bloet, dont une des descendantes, Élisabeth, fille et héritière de sir John Bloet, eut pour époux le chevalier James Berkeley, qui mourut en 1405. Issu de ce mariage, sir James hérita du château de Raglan et fut créé, en 1420, lord de Berkeley par Henry V. A sa mort, ce domaine échut en héritage à sir William ap Thomas, père de ce William Herbert qui, zélé partisan de la maison d'York, mit au service de cette cause ses grands talents et sa remarquable activité. A son avènement à la Couronne, en 1461, Édouard IV le combla de ses faveurs, lui confia, entre autres charges importantes, celles de chef de justice et de chambellan dans la Galles du sud, et lui donna le titre de baron. Grâce aux munificences de ce monarque, William put successivement acquérir de nombreux châteaux et de vastes domaines. Il fut créé plus tard chevalier de l'ordre royal de la Jarretière, et Édouard lui conféra enfin, en 1468, le titre de comte de Pembroke, que la forfaiture de Jaspar Tudor, demi-frère

---

(1) Ce n'est pas en 1535, mais bien en 1541 que Henry VIII supprima la vieille constitution féodale de la principauté de Galles.

T.

d'Henry VI, venait de rendre disponible. Il fut donc le premier comte de ce nom dans la famille des Herbert ; mais, par un de ces retours de fortune qui n'arrivaient que trop souvent dans ces temps de troubles, le nouveau comte de Pembroke, ayant pris part, l'année suivante, à une prise d'armes contre son bienfaiteur, fut fait prisonnier au combat de Danes-Moor, près Beanbury, et décapité trois ou quatre jours après en compagnie de sir Richard Herbert de Coldbrook, son frère, et de plusieurs autres gentilshommes. Le titre de comte de Pembroke échut alors à son fils William, qui n'avait que neuf ans, et qui, entré très-jeune au service d'Édouard IV, reçut plus tard de ce souverain la mission de garder comme prisonnier dans son château de Raglan le comte de Richmond, prétendant à la Couronne, le même qui devait régner plus tard sous le nom d'Henry VII, et qui, délivré de cette captivité en 1471 par son oncle, Jaspar Tudor, réussit à se sauver en Bretagne. Édouard IV ayant témoigné le désir de conférer au prince de Galles, son fils, le titre de comte de Pembroke, le jeune William dut y renoncer, mais il reçut en échange, en 1479, celui de comte de Huntingdon. Il épousa ensuite Marie, sœur de la reine et fille de Richard Widville, comte de Rivers. A sa mort, survenue en 1491, son unique fille et héritière, Élisabeth, épousa sir Charles Sommerset, fils naturel de cet Henri de Beaufort, duc de Sommerset, qui, fait prisonnier en 1463 à la bataille d'Hexham, perdue par les troupes d'Henry VI, avait été immédiatement décapité, ainsi que plusieurs autres lords et gentilshommes. Sir Charles de Sommerset joignait à de hautes capacités un physique plein de distinction ; et comme, d'ailleurs, il était allié de près à Henry VII, ce souverain le combla d'honneurs et de dignités ; et c'est à raison de son mariage avec l'héritière du comte de Huntington qu'il prit, en 1506, le titre de baron Herbert de Raglan, de Chepstow et de Gower. Il conserva à la cour d'Henry VIII le même crédit que sous le règne précédent, et, lorsqu'il mourut en 1526, ce souverain l'avait créé comte de Worcester.

Au temps de Charles Ier., le château de Raglan fut occupé sur le pied d'une grande magnificence par Henri de Sommerset, cinquième comte de Worcester, ainsi qu'on en peut juger d'après l'extrait suivant d'un récit contemporain :

« Conformément au vieux cérémonial féodal, les portes du castel étaient fermées
» tous les jours à onze heures, pendant toute la durée du dîner. Deux tables
» étaient dressées dans la salle à manger. A la première prenaient place le
» marquis, sa famille et les étrangers de haute distinction qui lui rendaient visite ;

» le service de cette table d'honneur était fait par l'intendant du château, par le
» contrôleur de la bouche, armé de son bâton, par l'écuyer tranchant, par plusieurs
» autres officiers, et par de nombreux fils de gentilshommes attachés comme pages
» à la personne du seigneur châtelain. Quelques-uns de ces pages, issus de haut
» lignage, jouissaient d'un revenu de 200 à 500 livres et étaient élevés au château.
» La seconde table était destinée aux chevaliers et gentilshommes. Après le repas
» du maître venait celui des gens du château. Les trois tables dressées à cette
» fin dans la grande halle étaient occupées hiérarchiquement : l'intendant présidait
» la première, où prenaient place les principaux officiers du château, ainsi que les
» gentilshommes d'un rang inférieur à celui de chevalier. L'écuyer tranchant avait
» la direction de la seconde table, destinée aux serviteurs nobles de naissance et aux
» vingt-quatre pages. A la troisième table dînaient le majordome, les gardes et les
» autres fonctionnaires de moindre rang. Le clergé du château avait une table particulière,
» et il s'en trouvait en outre deux autres, disposées dans l'appartement du majordome,
» pour les femmes attachées au service des dames châtelaines. Chacun des départements
» composant ce vaste établissement princier était dirigé par des officiers spéciaux,
» ayant en sous ordre de cent à cinquante domestiques (1). »

La biographie de ce somptueux châtelain présente un grand intérêt historique. Élevé au rang de marquis en 1642, époque à laquelle les dissentiments qui existaient entre le roi et le parlement éclatèrent en une guerre ouverte, ce fidèle gentilhomme leva à ses frais, pour la cause royale, un corps d'armée composé de 1,500 fantassins et de 500 cavaliers; il fortifia son château de Raglan et y maintint également à ses frais, et indépendamment du personnel ordinaire de sa maison, une garnison forte de 800 hommes. Rien ne put égaler sa chevaleresque loyauté envers son prince, au service duquel il consacra sans réserve son existence et son immense fortune. Le roi Charles visita plusieurs fois le château de Raglan pendant les quatre années qu'il fut militairement occupé pour la défense de sa Couronne; il s'y réfugia en 1645, après la bataille de Naseby, et vint fréquemment y loger durant les trois mois qui suivirent cette fatale journée. Assiégée l'année d'ensuite par les troupes

---

(1) Voyez, à ce sujet, l'intéressant ouvrage publié par l'évêque Percy sous le titre de *Northumberland household book* (Livre des familles du Northumberland). Il en existe plusieurs éditions.

parlementaires, cette noble forteresse dut se rendre par capitulation, le 19 août, à sir Thomas Fairfax; et le vénérable marquis, alors âgé de 84 ans, fût enfermé à la Tour de Londres sous la garde de l'huissier de la verge noire. Ses biens, dont le revenu s'élevait à 20,000 livres, furent confisqués par le gouvernement révolutionnaire; sa famille fut complètement ruinée et son château démantelé. Malgré ces immenses revers, il sut conserver toute la sérénité et la grandeur de son caractère jusqu'au jour de sa mort, survenue en décembre 1646. Ses restes mortels furent déposés dans la chapelle de St.-Georges, à Windsor, près de la tombe de son aïeul Charles, premier comte de Worcester issu de cette illustre maison. Son fils Édouard, second marquis de Worcester, fut créé comte de Glamorgan avant la mort de son père, et c'est sous ce titre qu'il figure dans l'histoire de ces temps malheureux. De même que son loyal père, Édouard embrassa chaleureusement la cause de Charles Ier. Ce prince l'envoya en mission en Irlande investi des pouvoirs les plus étendus; mais, poursuivi par les haines et les jalousies qui bouleversaient alors le royaume, le marquis eut le chagrin de voir désavouer par son souverain plusieurs des actes qu'il avait posés en son nom et en vertu des pouvoirs qu'il en avait reçus. A l'avénement de la république, le marquis de Worcester émigra en France; mais, s'étant ensuite rallié au gouvernement de Cromwell, il fut accueilli à White-Hall et vécut à la cour du protecteur au moyen des 2,000 livres de pension qu'il accepta de lui. Il recouvra néanmoins sa fortune paternelle lors de la restauration de Charles II, mais il alla vivre dans ses terres et y consacra ses loisirs à des spéculations littéraires et philosophiques. C'est à titre de descendant de ce gentilhomme que le duc de Beaufort est actuellement le propriétaire du château de Raglan.

Le site de ce château est des plus agréables: il s'élève sur une colline aisément accessible de toutes parts, ce qui fait qu'il n'offre point ce cachet de hardiesse et de force naturelle qui distingue d'une manière si pittoresque la plupart des anciens châteaux gallois. Au reste, aucune des tours et autres constructions composant ce splendide édifice ne paraît être antérieure au XVe siècle. Leland, qui visita Raglan au temps d'Henry VIII, dit, dans son itinéraire (tome VI, page 30) avoir appris de Morgan que la plupart des grandes constructions de ce château ont été fondées par l'un des derniers lords de la famille des Herbert; tandis, d'un autre côté, que, suivant Thomas Churchyard, qui s'est beaucoup étendu sur ce domaine dans son poëme des *Beautés du pays de Galles*, ce serait au premier comte de

Pembroke, créé par Édouard IV, qu'il faut attribuer le premier établissement de ce magnifique château; et c'est ce qui lui fait dire, dans son poëme précité, à propos de Charles Sommerset, premier comte de Worcester :

> C'est de lui que descend le seigneur actuel,
> Comte de Worcester, fondateur du castel.

Des témoignages qui précèdent, et surtout d'après le style architectonique des bâtimens de Raglan, nous croyons pouvoir conclure avec probabilité que ce fut William Herbert, deuxième comte de Worcester, ensuite nommé comte de Huntingdon par Édouard IV, qui fonda la majeure partie des majestueux édifices de ce château, et que son œuvre fut complétée sous les règnes des Henry VII et VIII par son gendre, sir Charles Sommerset, comte de Worcester. Les travaux qui y furent faits depuis lors se bornent à quelques détails d'ornementation, dont une partie date du temps de Charles Ier.

PLANCHE I. — Plan général du château. Façade extérieure de la grande tour d'entrée.

On voit, d'après ce plan, que l'intérieur du château est divisé en deux cours irrégulières et d'inégale grandeur. La grande entrée, marquée A, est située au sud de la grande cour ; elle est défendue extérieurement par deux tours engagées. A l'angle sud-est de l'enceinte se trouve une autre tour semblable aux précédentes, mais plus grosse ; cette tour, autrefois appelée *Tour du Cabinet*, comporte trois étages voûtés, dont chacun se compose d'une seule pièce ; et c'est là que se trouvait autrefois la bibliothèque du château. Les chambres comprises dans les tours d'entrée sont également voûtées. Le passage était défendu par deux herses. Le côté oriental de la grande cour, qui a été en grande partie démantelé à la suite du siège mentionné plus haut, consistait en une suite d'offices dépendants de la cuisine I que renfermait la grosse tour hexagonale, située à l'angle nord-est de l'enceinte (1). Dans la tourelle N, qui occupe le milieu de la courtine du levant, se trouvait la boulangerie. Il y avait deux grandes cheminées dans la cuisine, qui était surmontée d'une chambre et

---

(1) Il est à remarquer que toutes les grandes tours du château ont la forme hexagonale.

au-dessous de laquelle se trouvait une cave voûtée appelée *Garde-Manger humide*. La demi-courtine située entre la cuisine et le grand bâtiment central dont la halle fait partie était occupée par quelques autres offices culinaires. Ce bâtiment central se composait d'un grand salon, dit *parloir*, qui était autrefois lambrissé en boiserie sculptée et qui recevait son jour, au sud, d'une belle fenêtre circulaire et de deux autres fenêtres situées à ses deux extrémités, et qui ont été entièrement démolies. Au-dessus de ce parloir était une salle à manger de même grandeur, soit 49 pieds sur 21.

Venait ensuite la halle D, longue de 64 pieds et large de 28. Contre le mur occidental du parloir et de la halle étaient adossées l'étroite chapelle G (longue de 40 pieds) et la galerie H. A l'étage de ces pièces se trouvait une autre galerie ayant 126 pieds de long. La seconde cour K, dite *de la Fontaine*, à cause de la fontaine monumentale (composée d'un cheval en marbre blanc sur un socle en marbre noir) qui la décorait, était entourée de plusieurs appartements d'apparat; on accédait à cette cour par la tour carrée O. Au sud et hors de l'enceinte s'élevait le donjon, vaste et très-forte tour défensive de forme hexagonale, d'où l'on communiquait avec le château à l'aide d'un pont-levis. Il comporte cinq étages et était autrefois couronné d'un parapet crénelé qui n'existe plus. On peut encore suivre aux alentours du château les traces des fortifications bastionnées que le marquis de Worcester y avait fait élever à l'époque du siége qu'il eut à soutenir contre les troupes du Parlement, et l'on y découvre aussi quelques vestiges des terrasses, étangs, etc., que contenait l'ancien jardin de plaisance. Quant aux deux parcs qui faisaient partie du château, et dont l'un était appelé *Parc privé* et l'autre *Parc aux cerfs*, ils sont maintenant convertis en champs cultivés.

La figure 2 de cette planche reproduit la façade extérieure de la grande entrée du château, ainsi que la grosse tour angulaire dont il a été parlé ci-dessus. Le parapet à mâchicoulis qui couronne les trois tours ici représentées est un excellent modèle à imiter autant pour la hardiesse que pour l'élégance de sa construction. Les fenêtres de cette façade sont d'un beau fini; elles ont été faites fort étroites en vue de la défense. Ici, comme dans toutes les autres parties de ces magnifiques ruines, la maçonnerie est remarquablement belle.

Planche II. — Corps de bâtiment qui sépare les deux cours.

Nous avons déjà vu que le rez-de-chaussée de ce bâtiment comprend la halle et le parloir. La figure 1 en reproduit la façade et la coupe, prises du côté de la grande cour. Le plafond de ces deux salles s'élevait à 42 pieds au-dessus du sol. Les murs de la halle sont encore debout, mais le plafond en a complètement disparu ; on dit qu'il consistait en un curieux lambrissage en chêne d'Irlande, dont le centre était composé d'un grand lanternon (1). Il fut démoli lors du siège dont il a été plusieurs fois fait mention dans cette notice. On peut, d'après le plan ici reproduit de la façade de la halle donnant sur la grande cour, juger de la disposition qu'avaient le porche, la cheminée et la grande fenêtre en loge.

La fig. 2 donne le plan d'ensemble de la halle.

La fig. 3 est une coupe longitudinale, ayant pour fond le côté oriental de la halle et de ses annexes. Il a déjà été dit ce qu'était la pièce attenant à son extrémité sud. Au côté opposé étaient pratiquées, au-dessous de la galerie d'orchestre, plusieurs portes menant aux offices et de là à la cuisine. Au-dessus de ces offices se trouvaient, au premier étage, une seconde salle à manger (probablement celle où dînaient les femmes du château), et, à l'étage supérieur, une suite de chambres à loger. Les fenêtres de ces appartements, quoique d'une grande simplicité, sont larges et bien proportionnées ; elles sont d'ailleurs dans le style qui était en vogue dans la première partie du règne d'Henry VIII.

PLANCHE III. — Fenêtre de la chambre à coucher d'apparat.

Cette fenêtre, de même que plusieurs autres que l'on remarque dans les ruines des principaux appartements du château, se distingue par la grande richesse de composition et d'ornementation qui caractérisait ce membre d'architecture à l'époque d'Henry VII et durant les premiers temps du règne d'Henry VIII.

La fig. 1 en donne l'élévation extérieure ; la fig. 2 une coupe verticale et la fig. 3 l'élévation intérieure avec sa voussure à soffites. Les profils A et B sont ceux des larmiers supérieur et inférieur.

---

(1) Le lanternon, aussi appelé *coupole* ou *louvre*, servait primitivement de cheminée d'appel pour la fumée du grand foyer qui occupait généralement le centre de la halle. On retrouve la même disposition dans l'antiquité romaine. Mais lorsque la coutume vint d'adosser les cheminées aux murs des appartements, les lanternons furent vitrés et servirent à l'éclairage ainsi qu'à l'ornementation des halles.

Planche IV. — Détails de la même fenêtre.

L'ornementation de cette fenêtre est si belle que nous avons cru devoir en reproduire les principaux détails. Toute explication à leur sujet serait superflue, attendu que chaque figure est désignée par sa légende.

Planche V. — Fenêtre de l'un des appartements de la cour dite *de la Fontaine*.

Rien de plus élégant et de plus délicat que l'ornementation de cette fenêtre, bien qu'elle soit très-petite et n'ait qu'un seul jour. Elle est ici représentée en élévation intérieure et extérieure et en coupe verticale. Cette planche porte aussi le profil de l'ébrasement.

Planche VI. — Détails de la même fenêtre.

On remarquera que l'une moitié du réseau ici reproduit est vue de l'extérieur, tandis que l'autre l'est de l'intérieur. Cette fenêtre est dans le même style que celles que nous venons de voir aux planches III et IV.

Planche VII. — Fenêtre qui surmonte la grande porte d'entrée, du côté de la cour.

Toutes les fenêtres d'étage de ce côté de la grande cour sont pareilles à celle ici représentée. Comme style et comme fini d'exécution, elles ne sont point inférieures à celles que nous avons précédemment empruntées aux bâtiments situés dans la cour d'honneur. Les jours des tympans sont d'une grande délicatesse, et le relief des moulures des autres parties de ces fenêtres ont un cachet de haute élégance. Le réseau ornemental des trumeaux mérite aussi d'être remarqué.

CHATEAU DE THORNBURY, COMTÉ DE GLOCESTER.

Il n'est point d'admirateur de notre vieille architecture nationale qui ne connaisse les ruines de ce château si remarquable par la beauté, la richesse et le fini de son ornementation, notamment en ce qui concerne les fenêtres et les cheminées. De nombreuses vues pittoresques et d'ensemble en ont été publiées, mais jusqu'ici aucun de ses admirables détails n'a été géométralement reproduit pour l'instruction de l'architecte ou de l'archéologue. Les parties encore debout de ce vaste édifice datent du règne d'Henry VIII ; elles eurent pour fondateur Édouard duc de Buckingham, comte d'Hereford, de Stafford et Northampton, qu'une fin prématurée et tragique empêcha d'achever cette splendide œuvre architecturale, à laquelle il avait fait travailler pendant dix années. Le domaine de Thornbury était passé dans la famille de cet infortuné gentilhomme par le mariage de l'un de ses ancêtres, Ralph comte de Stafford, avec Marguerite, fille et héritière de Hugh d'Audley, comte de Glocester, le même qui mourut en 1372 après s'être illustré comme homme de guerre sous Édouard III. Le duc de Buckingham fut un des seigneurs les plus riches et les plus puissants de son temps. Chevalier de l'ordre royal de la Jarretière, il avait hérité des Bohun, comtes d'Hereford, l'importante charge de connétable d'Angleterre, dont il fut le dernier titulaire, car, supprimée à sa mort, cette charge ne fut jamais rétablie. Sa disgrâce eut à la fois pour causes l'ombrageuse tyrannie d'Henry VIII envers toutes les personnes alliées à la Couronne et les ressentiments du trop fameux cardinal Wolsey, qu'il avait offensé en lui faisant sentir le mépris que son insolence de parvenu inspirait à toute la vieille noblesse du royaume. Arrêté en son château de Thornbury, le duc fut emmené à Londres et traduit, du chef de haute trahison, devant un tribunal composé de 20 pairs et présidé par Thomas Howard, duc de Norfolk, créé grand-maître d'Angleterre à l'occasion de cette importante procédure. Le principal témoin à charge que produisit l'accusation fut un misérable gentilhomme du nom de Charles Knevet, ancien intendant que le duc avait chassé de son service pour cause d'inconduite.

Buckingham se défendit lui-même avec beaucoup d'habileté ; mais, comme on avait résolu sa perte, il n'en fut pas moins condamné à mort, et l'impitoyable Henry, irrité de ce que sa noble victime avait refusé d'implorer sa grâce, fit tomber sa tête sous la hache du bourreau à **Tower-Hill**, le 17 mai 1521 (1).

---

(1) Voir, à ce sujet, les chroniques de Hall et d'Hollingshed, où Shakspeare a puisé pour sa tragédie d'*Henry VIII*. Le docteur Fiddes a vengé la mémoire de cette victime de Wolsey en prouvant, dans la biographie qu'il a écrite de ce prélat, combien était peu fondée la charge la plus grave de l'acte d'accusation. Trompé par de folles spéculations astrologiques, il est vrai que Buckingham nourrissait l'espoir de succéder à Henry sur le trône, et qu'il avait commis la haute imprudence d'en parler ; mais, bien qu'en disent Hume et d'autres historiens, le duc n'avait posé aucun acte qui pût motiver une accusation de haute trahison envers son roi. Le *Gentleman's Magazin* du mois de mars 1854 contient une relation de ce procès célèbre d'après des documents authentiques empruntés aux manuscrits de Landsdown ; les noms des pairs qui ont siégé comme jurés y sont donnés avec plus d'exactitude que dans les chroniques précitées.

La notice qu'on vient de lire sur le duc de Buckingham est trop incomplète pour suffire à donner une idée exacte de cette intéressante figure historique ; et comme il s'y est d'ailleurs glissé quelques erreurs de fait que notre devoir de traducteur ne nous permet pas de corriger dans le texte même de M. Willson, nous y suppléerons par l'extrait suivant de l'histoire d'Angleterre publiée par MM. L. Galibert et C. Pellé dans *l'Univers pittoresque* :

« Edouard Stafford, duc de Buckingham, exprimant hautement sa désapprobation sur les dépenses » inutiles et ruineuses dans lesquelles se plongeait le gouvernement, encourut à ce titre la disgrâce » du roi. Le duc, en raison de sa descendance en ligne directe d'Anne, fille aînée de Thomas » Woodstock, dernier fils d'Edouard III, causait, en outre, de l'ombrage à Henry. C'était un seigneur » riche et puissant, brave, généreux, que la nation aimait à cause de sa libéralité et de ses largesses. » Tort plus grand encore, le duc venait de blesser vivement l'orgueil du cardinal. Un jour qu'il » présentait un bassin rempli d'eau au roi, Henry s'y lava les mains. Le cardinal Wolsey, s'avançant » ensuite, voulut y plonger les siennes. Le duc, indigné, laissa tomber le vase sur les pieds du » cardinal : « Je pourrais bien un jour châtier les dédains orgueilleux du duc, » s'écria Wolsey. Ces » menaces ne furent point vaines. Buckingham vivait paisiblement dans sa terre de Thornbury, dans » le Gloccestershire, lorsqu'il reçut l'invitation inattendue de se rendre à la cour. Le duc, qui n'avait » aucun soupçon, se mit en route. Quelques craintes commencèrent à l'assaillir lorsque, arrivé à » Windsor, il vit, dans l'hôtel où il était descendu, trois hommes de mauvaise mine qui l'avaient » constamment suivi depuis son départ. Buckingham partit pour Westminster, où il prit un bateau » pour se rendre par eau à Greenwich, résidence de la cour à cette époque. En route, il s'arrêta » au palais de Wolsey et demanda à parler au cardinal ; on lui répondit que Wolsey était indisposé. « Eh bien ! s'écria-t-il, je boirai toujours un verre de vin de milord cardinal en passant ! » L'air morne et » silencieux de celui qui lui présenta le verre réveilla les craintes du duc, et il eut le pressentiment » du sort qui l'attendait. Sa barque fut bientôt hélée par un officier des gardes, et lui-même fut

Selon la coutume du temps, l'immense fortune de Buckingham fut confisquée au profit de la Couronne. Henry Stafford, son fils unique, quoiqu'immédiatement réhabilité comme gentilhomme (*restored in blood*), n'hérita cependant pas des titres de son père, et fut réduit à vivre d'une petite pension qui lui fut faite sur les vastes domaines tombés en forfaiture. Dix ans après, le roi lui restitua le château de Stafford, ainsi que quelques autres des propriétés confisquées. A l'avénement d'Édouard VI, il reçut de nouvelles lettres de réhabilitation, et il mourut en 1563, après avoir siégé, sous le titre de lord Stafford, dans les divers parlements qui eurent lieu sous ce règne et le suivant.

» aussitôt arrêté au nom du roi. Le duc fut conduit à la Tour. On y enferma aussi son intendant, » qu'il avait renvoyé de son service et dont il s'était fait un ennemi, ainsi que Gilbert » Parke, son chancelier, Jean Lecourt, son confesseur, et un moine nommé Hopkins. Le » duc parut devant ses juges le 12 mai 1521. On l'accusa d'avoir engagé le moine Hopkins à faire » de fausses prophéties, d'avoir essayé de corrompre les serviteurs du roi et les soldats de la garde » par des présents et des promesses; d'avoir déclaré que, si le roi venait à mourir, il ferait tomber » la tête du cardinal et s'emparerait du trône, et enfin d'avoir reçu chez lui un certain William » Balmer, qui avait encouru la disgrâce du roi. Toutes ces charges ne reposaient que sur des témoignages » suspects, et il n'y avait aucun acte accompli; aussi Buckingham se prévalut-il de cette circonstance » avec beaucoup de force. Fineux, qui remplissait les fonctions de grand-juge et d'avocat de la » Couronne, lui répondit que tramer la mort d'un roi en idée équivalait à une trahison réelle et » consommée par des actes; et, en conséquence, le malheureux fut condamné. Quand le duc de » Norfolk prononça la sentence, Buckingham lui dit d'une voix ferme : « Vous m'avez traité comme » un traître; mais je n'en suis pas un ! Cependant, je ne vous en veux pas. Que Dieu vous pardonne » ma mort comme je vous la pardonne moi-même; je ne demanderai point au roi grâce de la vie. » » On le ramena dans sa barque, et sir Thomas Lowell, qui était chargé de le garder, respectant » son malheur, l'invita à reprendre sa place sur les coussins qui avaient été préparés pour lui : « Non, » répondit-il avec douleur, lorsque j'arrivai à Westminster, j'étais duc de Buckingham; mais maintenant » je ne suis plus qu'Édouard Stafford, le plus malheureux des hommes. » Quelques jours après, on » le conduisit à l'échafaud. Dans ce moment suprême, Buckingham conserva son sang-froid et déclara » fièrement qu'il ne s'abaisserait point à demander grâce au roi. Une foule immense assistait à son » exécution. Quand sa tête tomba, un murmure de douleur circula dans la foule. « Que Dieu ait » pitié de son âme, s'écrie avec regret un historien de l'époque, car c'était un sage et noble » personnage, et le miroir de la politesse et de la courtoisie. »

Dans sa tragédie d'*Henry VIII*, Shakspeare a traité cet épisode de la mort de Buckingham avec une vérité historique bien digne d'être remarquée.

T.

Le château de Thornbury passa alors aux ducs de Norfolk et ensuite à Henry Howard, écuyer. Leland, qui le visita environ trente ans après la mort du duc de Buckingham, nous en a laissé la notice que voici : « Il se trouvait jadis un manoir
» peu considérable tout contre le côté nord de l'église paroissiale de Thornbury. Édouard,
» dernier duc de Buckingham, trouvant à son gré le site et les environs de ce manoir,
» le fit abattre en grande partie et remplaça les vieilles constructions par les beaux
» bâtiments en pierre de taille qu'on y voit maintenant, notamment la façade du sud
» et la superbe porte d'entrée qui complète le côté du couchant, et à laquelle il con-
» serva le style des anciens bâtiments. Le comble de cet édifice s'est, depuis quelque
» temps, écroulé. Le duc fit également commencer la construction d'une très-grande
» cour et de quelques autres tours et portes qui restèrent inachevées. Les murs n'en
» furent élevés que jusqu'à la hauteur de 4 à 5 yards, et l'on peut aujourd'hui
» encore juger de la magnificence de l'œuvre que Buckingham avait projeté de fonder.
» Le corps de logis du château était relié au côté nord de l'église paroissiale par une
» galerie en charpente. Pour se former un parc, le duc fit enclore de grandes terres
» qui furent enlevées à la culture et transformées en vastes plaines pour le courre :
» ce qui lui valut les malédictions des habitants de la localité. Comme ce parc est
» traversé par un petit bras de la Saverne, le duc avait formé le projet d'en changer
» le cours pour en baigner le pied du castel (1). »

On trouve, aux annexes du tome II de la *Collectanea* de Leland, une description très-détaillée du château de Thornbury, laquelle est extraite d'un manuscrit maintenant en la possession de sir Thomas Astle, écuyer, et qui provient du procès-verbal du recensement qui fut fait de ce domaine par ordre de la reine Élisabeth (2). Il

---

(1) Voyez l'*Itinéraire* de Leland, tome VII, page 75.

(2) Il s'est glissé un gros anachronisme dans ce manuscrit en ce qui concerne l'époque du recensement ici en question. En effet, en l'y fixant aux 6, 7, 8 et 9 mars 1582, *cinquième année du règne d'Élisabeth*, on a perdu de vue que cette reine est montée sur le trône en novembre 1558, et que, par conséquent, la cinquième année de son règne correspond à 1562 et non à 1582. Cette erreur a été reproduite par Gough dans ses suppléments aux *Antiquités* de Britton ; et le même auteur en a commis une autre en répétant, d'après Rudder, que Henry VIII et Anne Boleyn furent magnifiquement traités pendant dix jours au château de Thornbury en 1539, attendu que la décapitation de cette infortunée reine eut lieu le 19 mai 1536. On retrouve la même erreur dans l'*Histoire du Glocestershire*, publiée en 1803 par Rudge (tome II, page 343).

résulte de ce document officiel que les bâtiments du château furent laissés à l'abandon dès la mort du duc, et qu'ils tombaient déjà en ruine à l'époque où le recensement eut lieu. Depuis lors, non-seulement tout ce qui avait été conservé de l'antique manoir a été démoli, mais il en a été de même d'une grande partie des constructions érigées par Buckingham et qui sont mentionnées dans le procès-verbal des recenseurs.

Essayons maintenant de donner une idée complète de ces ruines, dont le plan par terre figure à la planche VIII. On entrait au château par une avant-cour située du côté du couchant. D'après le procès-verbal en question, cette avant-cour ou basse-cour, grande de 2 1/2 acres environ, était entourée de bâtiments en pierre, qui devaient servir au logement des domestiques, et dont les murailles, hautes de 14 à 15 pieds au-dessus du sol, ne furent jamais achevées et restèrent sans charpente ni toiture. Toutes les fenêtres étaient en pierre de taille, et plusieurs d'entre elles étaient garnies d'un barrage en fer. Les frères Samuel et Nathaniel Buck ont publié, en 1732, une vue à vol d'oiseau du château de Thornbury, dans laquelle on remarque qu'il se trouvait alors dans cette basse-cour plusieurs grandes portes à guichets latéraux, ainsi que des tourelles en saillie sur les façades — toutes choses qui n'existent plus actuellement. On passait de l'avant-cour dans la cour intérieure par la grande porte d'entrée qui occupe le centre du côté occidental du quadrangle formé par cette seconde cour. L'aile gauche de ce côté se composait, au rez-de-chaussée, de trois pièces formant la loge du portier et d'un appartement dit Garde-robe du Duc, et composé de deux pièces, dont l'une occupait la tour angulaire I. Il y avait sous ce corps de logis deux souterrains, dont l'un servait de prison et l'autre de cave; quant à l'étage, il comportait quatre belles chambres à feu. La construction de la tour octogonale I ne fut jamais poussée au-delà de la moitié de la hauteur totale qu'elle devait atteindre.

A main droite du grand passage d'entrée se trouvaient, au rez-de-chaussée, un appartement de deux pièces appelé Garde-robe de la Duchesse et, à l'étage, deux chambres pour l'intendant du château. Le corps de bâtiment formant le côté nord de la cour intérieure était une suite d'offices surmontés de chambres à coucher au premier étage et d'un grand galetas sous les combles.

Au côté oriental du quadrangle se trouvaient la grande cuisine, la grande halle, la chapelle et quelques autres offices que surmontait un appartement composé de quatre pièces et appelé Logement du comte de Stafford. En arrière de ce corps de logis on remarquait les ruines d'une boulangerie et d'une aumônerie, où se faisaient jadis les distributions de vivres aux pauvres. Un vestibule séparait la halle de la chapelle. Celle-ci était meublée de vingt-deux stalles lambrissées, et son porche intérieur était surmonté d'un double oratoire pour le duc et la duchesse. La halle était belle, grande et chauffée par un foyer central ; son porche se trouvait presqu'en face de la grande porte d'entrée du château, et son extrémité sud était en communication directe avec une autre salle dite vieille halle. Comme tout ce côté oriental du quadrangle n'existe plus, il est difficile d'en préciser la distribution, et la description qui en est faite dans le document où nous avons puisé les détails qui précèdent n'est ni assez complète ni assez exacte pour pouvoir y suppléer. Il nous reste maintenant à décrire le côté sud de ce quadrangle. Le corps de logis qui le compose, et qui est appelé le Bâtiment neuf, est tout entier en pierre de taille ; il est crénelé et couvert de plomb. La pièce A était un grand salon dont le plafond et la charpente tombaient en ruine à l'époque du recensement. Elle communiquait avec un bel appartement, celui de la Duchesse, composé des deux pièces BB et du rez-de-chaussée de la tour octogone D. La chambre à coucher du duc occupait le premier étage de cette tour, tandis que son étage supérieur servait de dépôt aux archives. Enfin, le premier étage de tout ce côté sud du quadrangle était une suite de salons à dîner et de cérémonies.

Au sud du quadrangle que nous venons de décrire, se trouvait une troisième cour ou plutôt un jardin de plaisance, entouré, sur trois de ses côtés, de cloîtres surmontés d'une galerie. Celle-ci communiquait, d'une part, avec les appartements du duc et de la duchesse, et, d'autre part, avec un bel oratoire d'où ils pouvaient assister aux offices de l'église paroissiale (1). Le côté oriental de ce jardin de plaisance était occupé par un corps de logis, appelé Appartements du duc de Bedford, et qui se composait de 13 pièces, dont six au rez-de-chaussée et sept à l'étage (2). Les

---

(1) Voir, relativement à cette église, ce que dit Leland au tome VII de son *Itinéraire*.

(2) On s'explique difficilement pourquoi le nom de Bedford fut donné à ce bâtiment. Rappelons cependant que Jaspar Tudor, oncle d'Henry VII et qui avait été créé duc de Bedford par ce prince, épousa Catherine, veuve d'Henry Stafford, duc de Buckingham, que Richard III avait fait décapiter en 1483. A la mort de Jaspar, qui survint en 1495, le titre de duc de Bedford s'éteignit, et ce ne fut qu'en 1549 qu'Édouard VI le ressuscita pour le conférer à sir John Russell.

recenseurs évaluèrent à 12 acres le terrain compris dans l'enceinte du château, sans y compter le verger, de 4 acres environ, qui n'était clos que par une palissade (1).

N°. 50. Planche I. — Façade et plan du côté sud du grand quadrangle.

Cette façade est celle qui donne sur le jardin de plaisance. La belle tour octogone qui en termine l'aile gauche est la seule partie de cette façade qui eût été achevée au temps du fondateur. Il y a plus d'un siècle que le couronnement crénelé de cette tour et la tourelle d'escalier qui y était accolée ont été détruits ; mais nous les avons ici reproduits en nous aidant de types similaires. La coupe qui figure à l'avant-plan de la tour est celle du cloitre et de la galerie qui communiquaient, ainsi qu'il a été dit plus haut et comme on le voit, d'ailleurs, aux deux portes qui figurent dans l'élévation, avec les grands appartements du château et avec l'église paroissiale. Les souches de cheminée de ce corps de logis sont remarquables par le fini de leur ornementation ; celle qui surmonte la tour est en pierre de taille, tandis que la souche qui en est la plus rapprochée sur le corps de logis est construite en briques. La petite souche en spirale que l'on voit ensuite est également en pierre ; elle était autrefois surmontée d'un pinacle, ainsi que le montre l'estampe déjà citée de Buck. Cette souche correspondait à la cheminée située dans la trésorerie du duc, c'est-à-dire dans la chambre dont on voit les nombreuses fenêtres à l'étage supérieur de l'avant-corps le plus rapproché de la tour de l'aile gauche. D'autres souches encore décoraient autrefois cette partie du château, mais elles ont été démolies. Les traits les plus remarquables de cette façade sont les deux grandes fenêtres en saillie et à étage qui en occupent la partie centrale. Ce sont des types de ce genre de fenestration si compliqué et si tourmenté qui caractérise la dernière période de notre architecture domestico-gothique. On en verra les détails dans les planches suivantes.

---

(1) Ainsi qu'il a déjà été dit plus haut, le recensement des propriétés du duc de Buckingham eut lieu peu de temps après la fin tragique de ce gentilhomme. On trouve à ce sujet de curieux détails dans le tome XXV de l'*Archæologia*. Rappelons, en passant, que c'est le duc de Buckingham qui fonda le collège de la Madelaine, à Cambridge ; mais que, par suite de l'insuffisance de la dotation qu'il avait affectée à cet établissement, cette dotation fut fondue dans celle faite en 1542 par sir Thomas Audley.

Le plan qui figure à la présente planche est pris, dans le sens longitudinal, mi-partie au rez-de-chaussée et mi-partie au premier étage. En le rapprochant du plan partiel et du plan d'ensemble de la planche VIII, on peut se faire une idée complète de la belle œuvre architecturale qu'avait entreprise le duc de Buckingham.

N°. 31. Planche II. — Élévations extérieure et intérieure de la plus grande des deux fenêtres étoilées et à étage de la façade représentée à la planche I.

On est tout étourdi du luxe de composition et de la difficulté d'exécution de ce fenêtrage; son plan, au rez-de-chaussée, est un polygone étoilé à faces rectangulaires, tandis qu'à l'étage les côtés du polygone sont en arcs de cercle. L'ornementation intérieure est d'une grande richesse, surtout à l'étage, car les meneaux en sont tout chargés d'attributs héraldiques des Buckingham et de leurs alliances.

La fenêtre étagée qui occupe le centre de la façade est dans le même genre que celle-ci, mais elle est plus simple dans son ornementation et surtout dans son plan, car, à l'étage, sa projection n'est plus qu'un simple redan.

N°. 32. Planche III. — Détails du fenêtrage représenté à la planche précédente.

Ces détails s'expliquent d'eux-mêmes.

N°. 33. — Planche IV. — Autres détails du même fenêtrage.

La légende des figures suffit à spécifier ces détails (1).

N°. 34. Planche V. — Élévation et coupe de la porte sud du cloître et de la fenêtre en encorbellement qui la surmonte.

C'est par cette porte que l'on allait du jardin de plaisance (appelé cour principale dans la légende de la Pl. VIII) au cimetière de la paroisse. La galerie de l'étage, située du même côté, était éclairée par trois fenêtres en encorbellement pareilles à

---

(1) Nous avons dit plus haut que ce genre de fenestration, plus remarquable par l'exubérance de sa richesse et par la difficulté vaincue dans l'exécution que par son bon goût, constitue un trait caractéristique de la dernière période du gothique anglais. On en voit encore de curieux spécimens dans la chapelle d'Henry VII, à Westminster, et il s'en trouvait un grand nombre dans l'ancien palais de Richmond, que ce monarque avait fait construire aux bords de la Tamise et qui n'existe plus. On en voit aussi quelques autres spécimens dans la galerie dite d'Henry VII, au château de Windsor.

— 69 —

celle ici représentée. L'ornementation en est simple et sévère comme il convenait à la situation. Les profils et projections tracés sur cette planche suffisent, croyons-nous, pour la faire complètement apprécier.

N°. 35. PLANCHE VI. — Élévation, coupe et plan d'une cheminée de salon.

Cette cheminée en pierre est empruntée au grand salon marqué A et appelé grande halle au plan d'ensemble de la planche VIII. Elle est appliquée au centre de la muraille du sud, tout contre la grande fenêtre en loge. Composition, ornementation, exécution, tout y est remarquablement beau et de bon goût. C'est un type bien digne d'être imité.

N°. 36. PLANCHE VII. — Parapet à mâchicoulis de la tour octogone de l'angle sud-ouest.

Ce couronnement réunit toutes les qualités d'un type de l'espèce, c'est-à-dire la hardiesse, la beauté et la solidité : aussi l'avons-nous fait lever et dessiner avec toute l'exactitude possible. On fera bien de le comparer aux couronnements du même genre que nous avons empruntés aux châteaux de Herstmonceaux, de Warwick et de Raglan. Il ressemble beaucoup à celui de ce dernier château, mais il lui est supérieur sous le double rapport des proportions et du profilage des corbeaux.

N°. 37. PLANCHE VIII. — Plan d'ensemble du château ; élévation et plan de la façade qui forme le côté nord de la cour intérieure ; plan du corps de logis dans lequel se trouve l'entrée principale du château.

Le plan d'ensemble ici reproduit a déjà été mentionné dans la description générale du château. On a vu que le côté nord de la cour intérieure était composé d'une suite d'offices ; c'en est ici la façade intérieure. La coupe qui en termine l'aile gauche est prise suivant l'axe de la porte principale d'entrée. On peut juger, d'après le plan que nous en donnons ici, ainsi que d'après les détails qui précèdent, combien eût été magnifique, si l'infortuné fondateur avait pu l'achever, le corps de bâtiments composant le côté occidental de cette cour, dont la longueur totale est de 205 pieds. La seule tour qui ait été achevée est celle située à l'angle sud-ouest ; elle était haute de 67 pieds, y compris le couronnement. La tour angulaire qui lui fait pendant au nord-ouest devait lui être égale en tout point. Comme la tourelle d'escalier accolée à la première de ces tours était haute de 75 pieds, il est permis de supposer que les tours flanquant la grande entrée, ainsi que toutes les tourelles accolées qui sont accusées sur le plan, auraient eu la même élévation ; et il est probable que la hauteur des façades faisant courtines entre les tours eût été égale à la moitié de celle des tours, car on trouve ce rapport de proportions dans la plupart des grandes constructions castrales de l'école gothique (1). A l'exception de la tour D et de la tour flanquante E, toutes les murailles de ce côté du château ne sont actuellement encore élevées que jusqu'à la hauteur de 20 pieds environ, et l'on y voit encore, à main droite de la grande entrée, la toiture provisoire signalée par Leland et qui abrite les pièces dites Chambres de l'intendant. Quant à tous les autres appartements jadis si splendides de cette demeure seigneuriale, ce ne sont plus que des ruines inhabitables, des murailles nues et délabrées.

N°. 38. Planche IX. — Élévation et coupe de la principale porte d'entrée et de son guichet latéral.

Ainsi que le montrent les plans de la planche précédente, il n'y a de guichet ou petite porte pour les piétons que du côté extérieur de cette entrée ; de sorte que, vers la cour, l'arcade embrasse toute la largeur du passage. Cette porte était munie d'une herse, ainsi que le prouve la rainure qui figure dans la coupe. La grande banderole qui la couronne porte l'inscription suivante, devenue tellement fruste qu'il est maintenant très-difficile de la lire :

Cette. Porte. fut. commencée. en. l'an. de. notre. Seigneur. MCCCCCXI.
La. ii. année du. règne. d'Henry. viii. par. moi.
Ed. Duc. de. Bukkyngha. Comte. de. Herforde. Stafforde et Northampto.

---

(1) Voir, au tome 1er des *Types*, ce qui a été dit sur ce sujet à propos des colléges d'Oxford, notamment de celui de la Madeleine. Comme il y a quelque légère ressemblance entre les édifices fondés à Oxford par le cardinal Wolsey et les constructions élevées à Thornbury par le duc de Buckingham, des auteurs modernes ont voulu y voir une preuve de la rivalité qui régnait entre ces deux personnages ; mais c'est là une opinion de pure fantaisie.

L'une des petites banderoles sous-jacentes porte la devise du duc de Buckingham : 𝔇𝔬𝔯𝔢𝔰-𝔢𝔫-𝔞𝔳𝔞𝔫𝔱. Au-dessus et au centre de la grande banderole se trouve son écusson écartelé et orlé de la jarretière (1); les attributs héraldiques qui décorent les écussons de la frise sont ceux de la famille du fondateur.

N°. 39. Planche X. — Détails de la même porte.

La légende de cette planche dit quels sont ces détails. On y remarquera comme chose étrange que le chapiteau de jambage du guichet n'est pas profilé symétriquement.

N°. 40. Planche XI. — Fenêtre en encorbellement située dans la façade du côté sud de la cour intérieure.

Cette magnifique fenêtre éclaire la pièce centrale du premier étage de ce corps de logis. Cette pièce, appelée salle à manger dans le procès-verbal de recensement, est longue de 38 pieds, large de 26 et haute de 20; elle est éclairée à son extrémité sud par l'une des fenêtres en saillie qui décorent la grande façade de notre planche I, et la cheminée se trouve précisément en face de cette fenêtre.

N°. 41. Planche XII. — Détails de la même fenêtre.

La manière dont les pierres des cordons en relief du socle de cette fenêtre sont assemblées mérite une attention toute particulière. L'encastrement des joints rend toutes les parties solidaires entre elles; le tout devient ainsi comme une pierre unique et offre toute la résistance nécessaire contre la poussée du poids de la fenêtre. Voir la légende de la planche.

N°. 42. Planche XIII. — Cheminée de salon.

Cette cheminée est appliquée sur la muraille nord de la pièce centrale du rez-de-chaussée marquée B au plan général de la planche VIII; sauf quelques différences

---

(1) Les partitions de ce blason sont: 1. Woodstock; 2. Bohun, comte de Hereford; 3. Bohun, comte de Northampton; 4. Stafford. (Voir l'*Histoire généalogique* de Sandford, page 232, éd. 1677.

de détail, elle ressemble beaucoup à celle qui figure à la planche VI. Comme à celle-ci, la frise en est ornée de médaillons sculptés, portant des armoiries en cœur. Le cygne blanc, colleté d'une couronne à chaîne d'or pendante, qui décore le premier médaillon de gauche, est un emblème adopté par plusieurs rois d'Angleterre. Le deuxième panneau porte un lambrequin garni d'une ganse et d'attaches; au cœur du troisième et du cinquième est le nœud des Stafford (1); le quatrième porte un moyeu de roue enflammé; enfin le sujet du sixième est le cerf blanc colleté et enchaîné, emblème adopté par Richard II. On rencontre ces mêmes armoiries dans l'ornementation de la cheminée de la planche VI et de plusieurs autres parties du château. La disposition de l'âtre mérite d'être remarquée; son élévation au-dessus du sol et son rebord avaient pour but d'empêcher que des charbons ne missent le feu au plancher du salon (2).

N°. 43. PLANCHE XIV. — Chambranle d'une porte de salon.

Ce chambranle est celui de la porte qui mène du grand salon à la salle à manger du premier étage. Il est fort élégant et en parfaite harmonie de style décoratif avec les cheminées que nous venons de voir. On remarquera, à la coupe, que le seuil est en saillie sur le sol de l'appartement. Cette disposition, ordinairement suivie dans les anciennes constructions, avait pour objet d'intercepter le courant d'air et de permettre le recouvrement du pavement avec des nattes ou avec une couche de paille assez épaisse que cachaient des tapis.

N°. 44. PLANCHE XV. — Souche de cheminées en briques.

Il est assez étrange que l'on ait construit en briques une souche juchée sur un bâtiment en pierre. L'artiste a probablement été guidé dans ce choix de matériaux

---

(1) Quelques nobles familles avaient adopté pour emblème une figure fantastique formée par une corde et appelée *nœud*. Les plus anciens nœuds sont ceux des Stafford, des Bourchier et des Wake. (Voir l'ouvrage publié en 1793 par Dallaway sous le titre de *Recherches sur l'origine et les progrès de l'art héraldique*.

(2) On trouve, dans les *Spécimens* de Pugin (tome 1er, planche LIII), deux très-belles cheminées du château de Windsor qui ressemblent beaucoup à celles que nous venons de voir et qui datent de la même époque. Le palais épiscopal de Wells nous en fournira ci-après un autre spécimen.

par le désir de donner à cette souche une ornementation plus riche qu'il n'eût été convenable de le faire en employant la pierre. Située sur la façade du côté sud de la cour intérieure, cette souche contient les tuyaux des cheminées de la salle à manger du premier étage et de la pièce qui lui correspond au rez-de-chaussée. On voit gravée sur le socle l'année de cette curieuse construction. Les écussons qui en décorent le compartiment réticulé de gauche représentent alternativement le nœud des Stafford et l'antilope assise des Rohun, comtes de Hereford (1).

MAISON DÉCANALE DE WELS, COMTÉ DE SOMERSET.

Ce type curieux de notre architecture domestique au XVe siècle fut presqu'entièrement l'œuvre de John Gunthorpe, élu doyen de la cathédrale de Wells en décembre 1472. Ce docteur avait fait ses premières études au collége Balliol d'Oxford, et s'y était distingué par son application et son intelligence. Étant allé plus tard visiter l'Italie, il suivit à Ferrare l'enseignement littéraire du célèbre professeur Guarini, et cet ardent promoteur de la renaissance classique s'était épris pour lui d'un attachement tout paternel. Gunthorpe se lia alors d'amitié avec plusieurs autres notabilités littéraires de la Péninsule, et, après s'y être fait recevoir docteur en droit civil et en droit canon, il revint dans sa patrie, où l'avait devancé sa réputation d'érudit. Nommé chapelain d'Édouard IV en 1466, il fut bientôt après appelé au rectorat du collége royal de Cambridge et chargé de plusieurs missions diplomatiques sur le continent. En même temps que d'autres bénéfices, l'archidiaconat d'Essex et les prébendes des cathédrales de Londres, de Lincoln, de Salisbury et d'York lui furent successivement

---

(1) D'après l'*Archæologia* (tome XXV, page 343), le nœud d'or, le cygne d'argent, le lambrequin d'azur et l'antilope sont tous des attributs héraldiques de l'illustre famille des Buckingham.

conférés. Devenu, en 1478, grand aumônier du roi en même temps que secrétaire de la reine, il fut élevé, deux ans après, à la dignité de lord garde-du-sceau privé, ce qui lui valait 20 shillings par jour.

L'avénement de Richard III au trône d'Angleterre, en 1483, n'interrompit point le cours de la prospérité de Gunthorpe. Le nouveau roi le garda comme lord garde-du-sceau privé et le laissa dans la jouissance de tous les bénéfices attachés à ses dignités ecclésiastiques. La victoire définitive de la branche de Lancastre ayant ensuite mis la couronne sur la tête d'Henry VII, ce changement de dynastie ne porta nulle atteinte au crédit du savant docteur, et c'est ainsi que l'histoire du temps nous le montre chargé par son souverain de traiter, en 1486, avec le roi de Castille et de Léon, et, en 1490, avec celui de France. Il mourut en 1498 et fut inhumé dans la cathédrale de Wells.

On lit dans Leland, qui fut presque le contemporain de Gunthorpe, que le roi Édouard IV tenait ce savant docteur pour l'homme le plus capable de son temps, et que c'est grâce aux faveurs royales dont il fut l'objet, qu'il put déployer dans les édifices qu'il fonda un degré de splendeur auquel ne put atteindre aucun de ses prédécesseurs et successeurs. La maison décanale dont il est ici question est un beau souvenir de sa magnificence; mais, hélas! en considérant les délicieux détails qui y abondent, nous ne pouvons nous défendre de regretter que des restaurations modernes en aient tant altéré le caractère architectonique primitif (1).

N°. 45. PLANCHE I. — Élévation et plan de la façade du nord.

L'édifice entier consiste en un quadrangle qui enclôt une petite cour dont le côté nord est formé par le corps de logis dont nous reproduisons ici la façade extérieure, c'est-à-dire celle donnant sur le jardin. Cette façade très-pittoresque est surtout remarquable par la riche ornementation de ses principales fenêtres. Le rez-de-chaussée

---

(1) En 1552, sous le règne d'Édouard VI, le doyenné fut enlevé à l'église de Wells et cédé au roi, en même temps que d'autres propriétés, par l'évêque William Barlow; et cela, dit Strype, pour complaire à quelques courtisans affamés! Deux ans auparavant, le doyen John Goodman avait été privé de son bénéfice, mais il lui avait été restitué à l'avénement de la reine Marie. (Voir le *Mémorial Ecclésiastique* de Strype, ainsi que les *Fastes* de Le Nève.

en est occupé par une cuisine et par d'autres offices ; à l'aile occidentale se trouve un escalier qui menait originairement à une très-belle salle à manger qui embrassait les deux tiers du premier étage ; mais cette salle, maintenant divisée en plusieurs petites pièces, est tout-à-fait défigurée. Le haut bout en était éclairé par deux oriels, ou grandes fenêtres en loge, d'une magnifique construction et dont l'une se voit au centre de la présente façade ; l'autre tiers de l'étage était occupé par un salon de retraite. Au second étage se trouve une suite de chambres. A l'extrémité sud-ouest du couronnement crénelé, s'élève, au-dessus de la cage d'escalier, une petite tour qui se terminait, à l'origine, par des créneaux et pinacles d'un très-bon style (1). Quelques parties, maintenant mutilées, ont été rétablies sur cette planche ; mais nous avons reproduit dans leur état actuel les deux fenêtres qui flanquent la porte et dont les meneaux et tympans ont été détruits ; la même réserve a été gardée relativement aux deux souches de cheminées qui ont également disparu de l'édifice.

N°. 46. PLANCHE II. — Élévation et coupe de la fenêtre en loge (oriel) qui occupe le centre de la façade nord.

Nous avons déjà dit que cette fenêtre, remarquable par sa grande élégance, éclairait le haut bout de la salle à manger du premier étage. Son soubassement simple et solide s'élève jusqu'à la hauteur du plancher. Les panneaux qui décorent le mur d'appui portent quatre écussons sculptés, dont deux ont pour sujet la rose et le soleil rayonnants, emblèmes d'Édouard IV, protecteur du docteur Gunthorpe, tandis que les deux autres représentent un canon d'arquebuse dans sa forme primitive et grossière, c'est-à-dire composé de barres de fer brasées entre elles et consolidées au moyen de cercles. La banderole enroulée sur ce canon peut n'être qu'un simple ornement ou bien signifier la courroie qui servait à fixer l'arme à son fût. Si l'in-

---

(1) On trouve, dans le recueil publié par Angus sous le titre de : *Vues des résidences seigneuriales et aristocratiques*, une vue du doyenné de Wells, prise du côté nord-ouest et dessinée par John Carter. On y remarque que la tour est cantonnée de quatre pinacles angulaires surmontés de girouettes. Le même ouvrage contient une courte notice sur cet édifice et sur Gunthorpe ; le dessin est bien fait, mais il est inexact en quelques points.

terprétation est exacte, cet emblème est donc un rébus sur le nom de Gunthorpe (*gun*=canon), tel qu'on avait alors la puérile habitude d'en faire. On retrouve les mêmes emblèmes dans les panneaux du couronnement crénelé, et l'on remarque en outre, sur la plinthe sous-jacente, quatre gros canons en saillie qui semblent être placés là pour dire à tout passant le nom du fondateur.

N°. 47. PLANCHE III. — Élévation intérieure, voussure et détails de la même fenêtre.

Comme cette charmante fenêtre a été bouchée et que son ornementation intérieure a beaucoup souffert, nous avons dû prendre le dessin du plafond de la fenêtre absolument pareille qui fait pendant à celle-ci dans l'autre façade du même corps de logis et qui éclairait également le haut bout de la salle à manger du premier étage.

La figure 2 représente le fleuron qui termine l'un des trois pendentifs du plafond, du côté de l'arcade intérieure. C'est une rose portant en cœur un petit fanon; cet emblème, adopté par les princes de la famille d'York, figure également comme meuble sur les partitions de l'écusson qui décore le centre du plafond de cette fenêtre; or, comme cet écusson est celui du fondateur, il est probable que Gunthorpe avait obtenu d'Édouard IV la faveur d'en meubler son blason.

N°. 48. PLANCHE IV. — Plans et détails de la même fenêtre.

Le plan A est pris suivant la ligne marquée ++ sur l'élévation de la planche II, tandis que celui B est une coupe horizontale faite suivant la ligne marquée † † sur la même planche.

N°. 49. PLANCHE V. — Façade du sud; élévation, plan et détails de l'une des tourelles angulaires.

Des quatre façades extérieures de cet édifice, celle qui fait l'objet de la planche I est la seule qui ait deux étages outre le rez-de-chaussée; les trois autres n'en ont qu'un. On voit que toutes les fenêtres de celle-ci ont été transformées à la moderne, mutilation bien regrettable, si l'on juge de ce qu'étaient ces fenêtres dans leur état primitif d'après celles que nous venons d'admirer à la façade nord. Les deux tourelles qui cantonnent la façade ici représentée sont carrées à leur base et s'amortissent par une élégante flèche octogone. Nous les considérons comme de beaux types de l'espèce, et c'est pourquoi nous avons cru devoir en reproduire une à l'échelle amplifiée et avec ses détails principaux.

N°. 50. Planche VI. — Fenêtre en encorbellement et à deux étages de la façade nord.

Il existe fort peu de fenêtres dans le genre de celle-ci. La planche I fait voir son emplacement dans la façade. Ainsi que le montre la coupe, son encorbellement est à peine d'un pied, et, malgré son élévation, aucune partie de la fenêtre ne se trouve en retrait sur les autres. L'encorbellement porte sur deux consoles réunies par un arc ogival. Dans les tympans de cet arc, comme dans ceux de la fenêtre du premier étage, on retrouve les emblèmes et le rébus qui ont déjà été expliqués. Le réseau des deux parties de cette fenêtre est d'une grande élégance et a beaucoup de ressemblance avec ceux des fenêtres de l'église Sainte-Marie, à Oxford (1).

N°. 51. Planche VII. — Détails principaux de la même fenêtre.

Le réseau ornemental de la voussure est d'un travail remarquable. Les emblèmes héraldiques y sont encore les mêmes que précédemment.

N°. 52. Planche VIII. — Fenêtre géminée appartenant à la même façade nord.

Cette cheminée éclaire la chambre qui occupait autrefois, avec la salle à manger déjà décrite, tout le premier étage du corps de bâtiment dont la façade extérieure fait l'objet de la planche I. Comparativement aux autres fenêtres de cette façade, celle-ci est simple dans son ornementation extérieure. Les moulures y sont peu nombreuses, et sur les tympans sont sculptés les emblèmes héraldiques et le rébus dont il a déjà été plusieurs fois question. A l'intérieur, le jambage de l'embrasure est tout-à-fait nu ; mais, par contre, le plafond en est orné d'un fort joli réseau, ainsi que le font voir les projections verticale et horizontale que nous en donnons ici. Cette fenêtre fait une saillie de un pied et demi sur le mur de façade et se trouve à plomb de la souche de cheminée qui l'avoisine. Nous avons tracé, parmi les détails que comporte cette planche, le profil du larmier mouluré qui couronne l'amortissement de cette baie.

---

(1) Voir les *Spécimens* et les *Types d'architecture gothique* de Pugin, tome I.

PALAIS ÉPISCOPAL DE WELLS, COMTÉ DE SOMERSET.

On croit que le premier fondateur de ce palais fut Jean de Villula, aussi appelé Jean de Tours, d'après le nom de sa ville natale. Nommé évêque de Wells en 1088, il transféra trois ans plus tard son siége à Bath, à raison, sans doute, de la plus grande étendue et du plus d'importance de cette dernière ville. Il y érigea une église magnifique, celle de l'abbaye ayant été détruite quatre ans auparavant par un incendie. Malgré la translation de son siége à Bath, ce prélat fit abattre, dit-on, le cloître et la demeure épiscopale fondés à Wells par son prédécesseur, l'évêque Giso, et érigea sur le même emplacement, pour lui et pour ses successeurs, l'hôtel ou palais qui fait l'objet de la présente notice. Mort subitement à Bath vers la Noël de l'année 1122, il y fut inhumé dans la cathédrale. La chapelle de ce palais, si parfaitement conservée jusqu'à nos jours, a été fondée par l'évêque Jocelin, qui mourut en 1242, après avoir occupé ce siége pendant trente-sept ans.

Le fondateur de la splendide halle que nous allons immédiatement examiner fut Robert Burell, mort en 1292, après avoir régi ce diocèse pendant dix-sept ans. C'est l'évêque Ralph de Salopia ou de Shrewsbury qui fortifia ce palais en l'entourant d'un mur d'enceinte crénelé et d'un fossé; il occupa ce siége depuis 1329 jusqu'en 1363. On dit que Ralph de Erghum, qui fut évêque de Wells à partir de 1388 et jusqu'en 1400, augmenta les ouvrages défensifs créés par son prédécesseur. Le généreux prélat Thomas Beckington, élève et digne imitateur de l'illustre William de Wykham, évêque de Winchester, fit de grandes améliorations au palais épiscopal, ainsi qu'à la cathédrale et à la ville de Wells. C'est lui qui fonda, au prix de 200 marcs au moins, la belle porte d'enceinte, et qui construisit les cloîtres, l'appartement des étrangers, la grande cuisine avec ses conduites d'eau, la laiterie, le cellier et les réservoirs à nourrir le poisson. Il consacra à ces travaux plus de douze mille livres sterling, somme énorme pour ce temps-là (1).

---

(1) Vide *Itinerarium* Willelmi de Worcestre, édit. Nasmith, in-8°. 1778, pp. 286, 287, etc.

Il eut pour successeur l'évêque Beckington, qui siégea de 1443 à 1464 ou 65 (1). Leland, qui visita le palais épiscopal de Wells en 1542, nous en a laissé, dans son *Itinéraire*, la courte description que voici : « La cour d'entrée du palais de l'évêque
» est située au levant du marché aux chevaux; elle est entourée d'un beau mur
» élevé, et on y accède par une très-jolie porte qui en occupe le centre, du côté du
» marché. Cette porte, ainsi qu'il appert des armoiries qui la décorent, fut fondée
» depuis peu par l'évêque Beckington. Au sud de cette cour se trouve le palais épis-
» copal, entouré d'un large fossé plein d'eau qu'alimente la rivière de S^t.-André. Ce
» palais est ceint d'une forte muraille crénelée comme celle d'un château fort; au centre
» de sa principale façade se trouve une belle porte d'entrée; cette façade est flanquée
» d'une tour ronde à chacune de ses ailes; deux autres tours semblables défendent le
» côté sud du palais, et l'on voit d'ailleurs des tours à tous les angles de l'édifice. La
» halle est extrêmement belle et le reste du palais est beau et grand à l'avenant. De
» nombreux évêques ont pris part à sa construction (2). »

La dilapidation de cette magnifique résidence commença fort peu de temps après la visite que Leland en avait faite.

Aux généreux évêques que nous venons d'énumérer succéda une nouvelle espèce de prélats qui ne leur ressemblèrent sous aucun rapport. Hommes sans fortune, non-seulement ils n'avaient pas d'argent à consacrer à des constructions publiques et pieuses, mais ils se montrèrent ardents à prélever, sur les dépouilles de l'Eglise, de quoi doter et enrichir leurs fils et leurs filles. En vertu d'une patente royale en date du mois de novembre 1550, le docteur William Barlow, alors évêque de Bath et Wells, fut autorisé à aliéner et céder en fief absolu à Édouard, duc de Somerset (3), le palais de Wells et toutes ses dépendances, en même temps que divers autres domaines appartenant à cet évêché. La fin tragique de ce gentilhomme, dont la tête tomba

---

(1) On trouve les mémoires de l'évêque Beckington et des autres prélats mentionnés ci-dessus dans la biographie des évêques de Bath et Wells, publiée à Londres en 1829 par le Rév. S. T. Cassan. Les recherches de cet écrivain ont jeté de vives lumières sur une foule de faits intéressants de l'histoire ecclésiastique d'Angleterre.

(2) Voyez l'*Itinéraire* de Leland, tome II, page 41.

(3) *Mémorial ecclésiastique* de Strype, tome II, page 257, édition d'Oxford, in-8°, 1822.

sous la hache du bourreau au commencement de l'année 1552, fut cause que ces biens firent retour à la Couronne; et, peu de mois après, l'évêque obtint, par lettres patentes, l'autorisation de recouvrer, par voie d'échange, le doyenné et le palais, ainsi que le manoir, le bourg et le canton de Wells, derniers débris des domaines du duc de Somerset (1).

Ces concessions furent suivies d'une lettre, en date de septembre 1552, signifiant à l'évêque que le bon plaisir du roi était, attendu qu'il y avait dans le palais maints emplacements propres à y ériger une halle à l'usage de l'évêque et des siens, qu'on eût à faire abattre la grande halle actuellement existante; qu'il était d'ailleurs loisible à l'évêque de bâtir la nouvelle halle en lieu et place de l'ancienne, et qu'on lui recommandait, pour la mise à exécution de la volonté royale, un sir Henry Gates, persuadé que l'on était que ce choix lui serait agréable (2). Cet acte de royal vandalisme fut aussitôt commencé; on s'empressa d'enlever le toit de la noble halle, mais les murs en restèrent debout. Depuis lors, les appartements habitables de ce palais ont été considérablement réduits et quelques offices ont été démolis. Malgré ces déplorables vicissitudes, l'édifice offre encore aujourd'hui une apparence de grandeur et de vénérabilité que rehausse singulièrement sa ressemblance extérieure avec les anciens châteaux forts de la féodalité.

N°. 53. Planche I. — Ancienne halle du palais.

Fig. 1. C'est l'élévation de la façade nord donnant sur la cour. Elle est assez bien conservée, sauf le porche, que l'on a démoli il y a quelques années seulement.

---

(1) *Mémorial ecclésiastique* de Strype, tome II, page 271.

(2) *Ibidem*, pages 272-273. Cet Henry Gates ou Yates était gentilhomme de la chambre privée d'Édouard VI. Son frère John, qui devint plus tard vice-chambellan et capitaine des gardes d'Édouard VI, avait commencé par être valet de chambre d'Henry VIII. Il acquit une grande fortune, grâce aux donations qui lui furent faites avec les dépouilles de l'évêché de Winchester et d'autres établissements ecclésiastiques. Enveloppé dans le complot tramé par son patron le duc de Northumberland pour mettre Jeanne Grey sur le trône, il partagea son sort et fut décapité avec lui, le 22 août 1553. Son frère Henry était compris dans le même arrêt de condamnation, mais son exécution fut différée. L'évêque Godwin attribue la ruine de la halle de Wells à John Gates, tandis que sir John Harrington en accuse le docteur Barlow, par la raison que ce fut de son temps qu'eurent lieu le pillage et la destruction des églises de Bath et de Wells. (Voir la *Biographie des Évêques*, par Godwin, et les *Nugæ Antiquæ*, par sir John Harrington.)

Ce porche était voûté et surmonté d'une chambre à l'étage, et son couronnement crénelé était presqu'aussi élevé que celui de la halle même (1). Des trois fenêtres situées à la droite de la porte, celle supérieure éclairait une chambre attenant à l'extrémité occidentale de la grande salle, tandis que les deux petites baies inférieures donnaient jour à un office ; quant à la petite porte que l'on voit entre ces fenêtres et le porche, elle menait à l'étage de ce dernier.

La figure 2 représente la facade de l'aile du couchant ; la fenêtre supérieure correspondait à la chambre désignée ci-dessus et la porte donnait accès à la cuisine et aux autres offices culinaires.

La figure 3 est le plan de la cage de l'édifice ; comme il ne reste plus de traces de la colonnade qui soutenait autrefois les combles, on n'a pu l'indiquer sur ce plan. William de Worcester, qui a visité cette halle alors qu'elle était encore dans son état primitif, affirme qu'elle se composait, dans le sens longitudinal, d'une nève et de deux bas-côtés dont les arches reposaient sur deux rangs de colonnes (2), disposition dont on a d'ailleurs d'autres exemples et qui semble avoir été celle habituellement en usage dans la construction des halles de grandes dimensions jusqu'au XVIe siècle, c'est-à-dire jusqu'à l'époque où les colonnes de soutien devinrent inutiles par suite de l'invention des grands combles arqués en charpente. Dans le sens de sa longueur, la halle ici représentée était divisée en cinq travées, éclairées chacune par une fenêtre de chaque côté, sauf la travée correspondant à la porte. Le mur du bas bout comportait trois portes qui menaient, à travers un passage situé sous le plancher de la grande chambre déjà mentionnée, à la cuisine, à la laiterie, à la paneterie et à d'autres offices maintenant démolis (3). La tourelle de l'angle nord-est

---

(1) Voir l'estampe publiée en 1733 par S. et N Buck. C'est un fort intéressant travail, malgré les quelques fautes de perspective dont il est entaché. Le porche, resté jusque-là intact, était encore couvert en plomb ; et la halle, quoique privée de sa charpente et de son toit, avait sa carcasse encore entière.

(2) « Memorandum quod aula episcopatus Wellensis continet per estimacionem circa 80 gressus » super navem et duos elas. Latitudo ejus continet circa 46 gressus. Et habet pulchrum porticum » archuatum cum voltâ. » Hin. W. de Worcestre, page 284. Cet ouvrage fut publié en 1478.

(3) La halle du palais épiscopal de Lincoln fut construite un siècle environ avant celle de Wells. Le plan en est le même, mais elle était moins longue de 30 pieds. La partie centrale du plafond était supportée de chaque côté par deux lignes de quatre arcades ogivales. Exactement comme à la

de la halle est contiguë à la chapelle, qui est un curieux et intéressant petit édifice actuellement encore intact. Les parties du plan qui ne sont que légèrement teintées désignent ce qui a été démoli et n'existe plus actuellement.

N°. 54. Planche II. — Élévation, coupe et détails d'une travée de la halle.

Ainsi qu'on en peut juger par cette planche, les fenêtres de cette salle sont un excellent type du style en vogue au temps d'Édouard I, alors que la lancette simple qui caractérise la cathédrale de Salisbury fut remplacée par le genre de fenêtres plus compliquées et plus ornementées que l'on voit à l'abbaye de Westminster. Les courbes de leur réseau sont simples, pures et de formes agréables; et les moulures ainsi que les colonnettes qui en décorent l'élévation intérieure se distinguent par leur grande élégance.

N°. 55. Planche III. — Élévation, coupe et détails de la tourelle angulaire sud-ouest.

Le cabinet d'aisance qui forme le premier étage de cette tourelle communiquait avec la chambre située à l'extrémité occidentale de la halle. Il est couvert d'une jolie voûte à nervures; et c'est au centre de son pavement que se trouve le cloaque. Au-dessus de ce cabinet on voit la cage d'un escalier qui conduit du comble de la halle à la plate-forme en pierre qui couronne la tourelle. L'ouverture pratiquée dans cette plate-forme ne comporte que tout juste le passage d'un homme.

N°. 56. Planche IV. — Détails de la même tourelle.

Ces détails sont suffisamment désignés par la légende. Nous remarquerons en passant que les quatre tourelles qui cantonnent la halle, et qui sont toutes pareilles à l'extérieur, se trouvent actuellement encore dans un état parfait de conservation; mais l'une d'elles est maintenant isolée de l'édifice, ce qui provient de ce que, pour donner

---

halle de Wells, il se trouvait au bas bout une grande chambre au-dessous de laquelle un passage menant aux offices; et le porche, situé de la même façon, était aussi surmonté d'une chambre. A Lincoln, le comble de la halle se continuait dans la grande chambre contiguë, tandis qu'à Wells cette chambre était couverte d'une plate-forme avec gouttière à l'extrémité occidentale de l'édifice. Il nous paraît certain que le comble de la halle se terminait de part et d'autre par un gable.

un aspect plus pittoresque à ces nobles ruines du côté du jardin attenant, on a tout récemment eu le triste courage de démolir l'extrémité orientale et une partie du côté sud de l'admirable cage de cette halle que le temps avait respectée.

N°. 57. PLANCHE V. — Élévations extérieure et intérieure, coupe, plan et détails d'une fenêtre géminée de la grande galerie du palais.

Cette galerie est située à l'étage supérieur du corps de logis qui occupe l'extrémité orientale de la cour. Ce bâtiment paraît être d'une époque antérieure à celle de la halle (1). Les fenêtres qui éclairent la galerie sont toutes comme celle ici reproduite. Elles sont d'une grande simplicité à l'extérieur, car elles ne se composent que de trois ouvertures à arêtes chanfreinées; mais leur élévation intérieure comporte une embrasure ornementée d'une fort jolie composition, et qui, suivant toute apparence, contenait autrefois un banc en pierre — appendice ordinaire dans les anciennes fenêtres de ce genre. Les détails décoratifs de cette galerie sont d'une grande pureté, et nous les considérons comme de beaux types du style en vogue vers le milieu du XIII° siècle.

N°. 58. PLANCHE VI. — Élévation, plan et coupe d'une cheminée de salon.

Cet élégant manteau de cheminée, bien qu'il appartienne évidemment au style archi-fleuri de la toute dernière période gothique, est cependant exempt de tout mélange avec le système ornemental à l'italienne qui fut importé en Angleterre sous le règne d'Henry VIII. Il est probable que cette cheminée date du temps de l'évêque Olivier King, qui occupa le siège de Bath et de Wells de 1496 à 1503. C'est lui qui fit reconstruire dans un style magnifique l'église abbatiale de Bath, belle œuvre que la mort ne lui laissa pas le temps d'achever. Les dessins courants, composés de feuillages et fruits, qui sont sculptés sur la corniche et sur la bordure arquée du chambranle sont d'une grande richesse; et les piliers octogones engagés dans le jambage produisent assurément un très-bel effet.

---

(1) Il y a au rez-de-chaussée du palais une grande chambre qui date du même temps que cette galerie. Son plafond est une double voûte que supporte une rangée centrale de colonnes. L'évêque actuel a restauré cette pièce pour en faire un cabinet de minéralogie et de curiosités archéologiques, au nombre desquelles figure un ancien ameublement qui provient de l'abbaye de Glastonbury.

PALAIS ÉPISCOPAL DE WELLS.

Nous allons maintenant emprunter à ce palais un type d'un genre tout particulier : c'est un pavillon situé dans les jardins et servant à la conduite des eaux pluviales. On en attribue la construction à l'évêque Beckington, d'abord, parce que le style de ce petit édifice correspond à celui de l'époque où vivait ce prélat ; ensuite, parce que, suivant William de Worcester, c'est Beckington qui fit établir non-seulement les constructions hydrauliques du palais de Wells, mais encore le bel aqueduc qui existe encore sur la place du marché de cette ville.

N°. 59. Planche I. — Élévation et coupe du pavillon aqueduc.

On voit que, à l'extérieur, la cage de ce pavillon est un quadrangle buté par quatre contreforts construits dans le prolongement des diagonales, tandis que l'intérieur est une pièce circulaire au milieu de laquelle se trouve une citerne. La couverture est une voûte en coupole revêtue extérieurement d'une pyramide dont le sommet, orné d'un pédicule crénelé, soutient une figure de lion.

N°. 60. Planche II. — Détails du même édifice.

Des deux demi-plans ici reproduits, l'un montre la base et l'autre le sommet du pavillon. Toutes les moulures en sont correctes et jolies ; elles méritent d'être prises pour modèles là où la simplicité est requise dans l'ornementation.

ABBAYE DE GLASTONBURY, COMTÉ DE SOMERSET.

De longs siècles durant, cette abbaye fut vénérée comme étant, sinon le plus ancien, du moins l'un des premiers établissements fondés par le christianisme sur le sol de l'Angleterre. Son origine se perd dans la nuit des temps, et tant de légendes fantastiques sont mêlées aux premières périodes de son histoire, que l'on ne peut en tirer aucune déduction certaine. A raison même de son ancienneté, il n'est pas douteux que ce ne fut d'abord qu'une pauvre fondation de peu d'étendue ; et, suivant de très-anciennes chroniques, la chapelle primitive était une simple chaumière composée de branchages entrelacés (1), auprès de laquelle quelques âmes pieuses s'étaient construit un abri solitaire, car Glastonbury formait alors une espèce d'îlot entouré de marais et de halliers. Quoi qu'il en soit de cette question d'origine, il est de fait que ce simple ermitage fut transformé, dans la suite des temps, en l'un des plus grands et importants monastères de toute la chrétienté. Ina, roi des Saxons occidentaux, fut pendant longtemps considéré comme fondateur de l'abbaye, sans doute à cause des riches dotations qu'il lui avait faites ; mais il est maintenant prouvé qu'il existait en cet endroit, longtemps avant le règne de ce pieux et vaillant prince, une église et une communauté religieuse (2). On voit en effet, dans une charte portant la date de 601, la qualification d'*ancienne église* appliquée à celle de Glastonbury; et l'on sait, d'autre part, que le roi Ina mourut à Rome, en 728, dans un monastère où il s'était retiré dans sa vieillesse (3).

---

(1) Dans le tome I de son *Histoire des Conciles de l'Église d'Angleterre*, publiée en 1629, sir Henry Spelman a donné une image idéale de cet oratoire primitif, ainsi que la copie d'une plaque en bronze autrefois scellée sur une colonne de l'église abbatiale de Glastonbury et sur laquelle était gravée une légende attribuant à Joseph d'Arimathée et à douze de ses disciples la fondation de cette église, en l'an 31 de Notre-Seigneur. Spelman remarque avec raison que, suivant toute probabilité, cette inscription ne remontait pas au-delà du règne d'Édouard III, époque à laquelle l'abbé Monsington agrandit beaucoup l'établissement, et qu'elle n'était sans doute aussi que la reproduction d'une ancienne chronique.

(2) *Ibidem* tome I, page 20.

(3) Ina, qui avait succédé à son cousin Ceodwalla en 689, fut un des princes les plus sages et les plus grands de son temps. On possède encore les lois qui ont illustré son règne. (Voir Spelman, Wilkins, etc.)

A partir de cette époque, l'abbaye de Glastonbury continua à prospérer jusqu'à l'invasion des Danois, qui la saccagèrent et la démolirent en 873. Au commencement du Xe siècle, les rois Edmond et Edgar la firent réédifier, et c'est alors que le célèbre abbé saint Dunstan y introduisit les règles de la discipline monastique.

Lorsqu'Henry VIII supprima les couvents, celui de Glastonbury fut traité, par les agents de ce prince, avec une violence et une cruauté bien dignes du caractère de leur maître. Richard Whiting, qui en était l'abbé et qui le gouvernait depuis longues années avec toute la sagesse et la prudence possibles, ne trouva nulle merci auprès du tyran, malgré son grand âge, ses vertus et sa parfaite probité. Le couvent avait de grandes richesses, et c'était là son crime, bien que ses revenus fussent dépensés en bonnes œuvres. On reprochait à l'abbé son grand train de maison, mais c'était dans les mœurs du temps. Pour couvrir ses exactions du voile d'une hypocrite légalité, Henry avait jugé à propos de prescrire de ne procéder, hors les cas de félonie ou de trahison, à la destruction des communautés religieuses qu'après que leurs chefs spirituels y eussent donné leur consentement. Or, le vénérable Whiting s'étant énergiquement refusé à donner le sien, il fallut bien, pour vaincre sa résistance, inventer quelque crime à sa charge, et c'est ce que s'empressèrent de faire les infâmes agents, appelés *visiteurs*, dont nous avons eu l'occasion de parler dans l'une de nos notices précédentes. Whiting fut donc arrêté en son manoir de Sharptam, près Glastonbury, et emmené prisonnier à la Tour de Londres, où il eut à subir un interrogatoire par-devant les suppôts de ce Thomas Cromwell, qui était à la fois vicaire-général du roi en matières spirituelles, premier ministre et le plus fougueux, le plus impitoyable promoteur de la ruine des établissements religieux (1). Le vénérable abbé fut bientôt mis en liberté avec injonction de rejoindre son couvent et d'y attendre les ordres du roi; mais, à peine arrivé à Wells, il fut cité pour comparaître en justice et y être jugé,

---

(1) Dans le recueil de lettres publié par Ellis, d'après des manuscrits autographes et sous le titre de *Original Letters*, il se trouve plusieurs extraits du mémorandum ou agenda que Thomas Cromwell tenait lui-même de ses propres faits et pensées, lesquels extraits suffisent à prouver la profonde immoralité et la cruauté de ce personnage. Mais, heureusement pour la moralité de l'histoire, ses crimes ne restèrent pas impunis, car il avait à peine achevé son œuvre de destruction, qu'il fut à son tour accusé de haute trahison et d'hérésie, et décapité, sans nulle forme de procès, le 20 juillet 1540, c'est-à-dire trois mois environ après son élévation à la dignité de comte d'Essex.

suivant la loi, du chef de haute trahison et de vol : ses persécuteurs l'accusaient, en effet, d'avoir dérobé de la vaisselle de son église et d'avoir caché dans sa demeure un livre que les *visiteurs* y avaient découvert et qui était une critique du divorce du roi (1). Malgré la fausseté et la niaiserie de ces accusations, le digne vieillard n'en fut pas moins condamné à la peine des traîtres (2).

Arrêté dès le lendemain au milieu de son couvent, on ne lui accorda même pas, bien qu'il la demandât en versant des larmes, la faveur de dire un dernier adieu à ses frères; on le jeta ignominieusement sur une claie, et c'est ainsi qu'on le traîna à Torr-hill, où il fut pendu et écartelé en compagnie des deux moines Roger Jacob et John Thorne, condamnés au même supplice comme complices de leur abbé (3). Aussitôt après cette triple exécution, les officiers du roi saisirent l'abbaye et en chassèrent les moines (4).

Les bâtiments du monastère avaient été successivement fondés par plusieurs abbés; ils formaient, à l'époque de la suppression, un ensemble plein de grandeur et de magnificence; peu de cathédrales étaient comparables à la splendide église de cette

---

(1) Voir, à ce sujet, dans l'*Histoire de la Réformation*, par Burnet, tome III, 2e. partie, page 211 édition d'Oxford 1822, la lettre de dénonciation adressée par les *visiteurs* au lord-garde du sceau privé.

(2) L'atroce formule de la condamnation à mort du chef de haute trahison se trouve reproduite dans l'article déjà cité du *Gentleman's Magazine* (mois de mars 1834, page 268), sur le jugement et l'exécution d'Édouard duc de Buckingham en 1521. Il n'y a pas longtemps que ce monument de barbarie a disparu de l'arsenal de nos lois criminelles, bien que l'application en fût tombée en désuétude depuis de longues années.

(3) Les abbés de Reading et de Colchester éprouvèrent le même sort que celui de Glastonbury, et pour les mêmes motifs que ce dernier. C'est à tort que Collier et Willis prétendent qu'ils furent condamnés pour avoir refusé de reconnaître la suprématie religieuse du roi, car s'ils l'avaient réellement refusé, leur supplice aurait assurément eu lieu quatre ans plus tôt. On trouve dans le recueil déjà cité d'Ellis (tome II, page 98), le rapport suivant que lord John Russell adressa au ministre Cromwell le jour même de l'exécution du vénérable Whiting : « Milord, vous saurez par la présente que l'abbé de Glastonbury a été » condamné, comme voleur de son église, le mercredi 14me jour de ce mois, et exécuté aujourd'hui avec » deux moines, ses complices, à Torr-hill, près la ville de Glastonbury. Le corps du dit abbé a été » écartelé et coupé en quatre parties, dont une pour Wells, une pour Bath, une pour Ylchester et une » pour Bridgewater. Quant à sa tête, elle a été fixée au-dessus de la porte de l'abbaye de Glastonbury. »

(4) Les terrains de l'abbaye furent donnés, d'abord, à Édouard duc de Somerset par Édouard VI, ensuite, à sir Pierre Carew par Élisabeth.

abbaye; les cloîtres et les corps de logis avaient été construits sur une vaste échelle en rapport avec le nombre des moines, des gens de service, ainsi que des visiteurs et pèlerins qui y recevaient l'hospitalité (1). Tous ces bâtiments ont maintenant presque totalement disparu. Il ne reste plus debout que quelques fragments détachés de l'église, notamment la chapelle de St.-Joseph, dont les murs sont presqu'intacts (2). Le vaste hôtel de l'abbé ne fut démoli qu'en 1714 (3); enfin, pour tirer parti de tous les matériaux de quelque valeur, les débris de ce noble monument religieux de nos pères ont été tellement fouillés et émiettés que la cuisine dont nous allons nous occuper est l'unique pièce qui en soit encore debout.

N°. 61. Planche I. — Plan de la Cuisine de l'Abbé.

Quoique cette construction remarquable soit généralement connue sous le nom de *Cuisine de l'Abbé*, il est cependant vraisemblable qu'elle était à l'usage de toute la communauté. On en a attribué la fondation à l'abbé Whiting, en s'appuyant sur une anecdote que voici. Le roi lui reprochant un jour sa gloutonnerie et ses banquets somptueux, et l'ayant menacé, en raillant, de faire brûler sa cuisine, l'abbé lui répondit avec fierté qu'il en ferait alors bâtir une telle, que tout le bois des forêts royales ne suffirait pas pour l'incendier. Mais c'est là un conte imaginé à plaisir et qui s'accorde aussi peu avec le caractère d'Henry VIII qu'avec celui de Whiting, sans compter, d'ailleurs, qu'il suffit d'avoir vu l'édifice dont il s'agit, pour être convaincu que son style architectonique est antérieur de plus d'un siècle au temps où vivaient les deux personnages ainsi mis en scène. Quant à nous, nous croyons que le véritable fondateur de la Cuisine de l'Abbé fut Jean Chinnock, et cela parce qu'il fut abbé de

---

(1) On y comptait 300 domestiques, et, à l'occasion de certaines fêtes religieuses, 500 étrangers y recevaient à la fois l'hospitalité.

(2) Cette chapelle est un très-curieux spécimen de l'architecture mixte qui marqua la transition du plein cintre à l'ogive. (Voir les *Antiquités architecturales* de Britton, tome IV; l'*Ancienne Architecture de l'Angleterre*, par Carter; le tome IV des *Vetusta Monumenta*; les *Antiquités* de Grose, etc.)

(3) Il existe des estampes représentant cet hôtel dans l'*Itinerarium curiosum* de Stukely et dans les *Views in the Monasticon* de Hollar. On croit qu'il avait été fondé par l'abbé Beere, prédécesseur immédiat de l'infortuné Whiting.

Glastonbury pendant 46 ans, à partir de 1374, et que c'est lui qui fit reconstruire les cloîtres et plusieurs autres parties du couvent, dont quelques-unes avaient été laissées inachevées par ses prédécesseurs.

Le grand plan qui figure sur cette planche se compose de deux demi-coupes horizontales prises à deux hauteurs différentes de l'élévation. Mesurée par terre et dans œuvre, la cuisine est un carré de 33 pieds 6 pouces de côté; elle a deux portes opposées l'une à l'autre, chacune d'elles surmontée d'une petite fenêtre rectangulaire; et au centre de chacun des deux autres murs se trouve une jolie fenêtre ogivale, ainsi qu'on le verra à la planche suivante. Aux quatre angles de la pièce s'élèvent des cheminées à manteaux de forme ogivale, d'où il résulte que, à partir des âtres, la cage intérieure de la cuisine affecte la forme d'un octogone. Chacune de ces cheminées était autrefois surmontée d'une souche, mais toutes quatre ont été démolies. Les contreforts ont cela de particulier que leurs bases sont arrondies à la partie antérieure : ainsi que tendent à le prouver les traces que l'on en remarque encore sur les murs extérieurs, cette disposition était motivée par l'appentis ou auvent dont l'édifice était entouré, et qui avait sans doute pour but d'établir des communications couvertes entre la cuisine et les bâtiments d'habitation ou bien encore d'abriter contre la pluie les pauvres gens qui venaient y recevoir leur pitance.

N°. 62. Planche II. — Élévation de la façade du couchant.

Sauf le couronnement crénelé et les souches angulaires des cheminées qui n'existent plus, l'élévation extérieure de la cuisine est encore intacte et en très-bon état de conservation. Il est probable que ces souches s'élevaient à peu près jusqu'à hauteur de la base du lanternon.

N°. 63. Planche III. — Coupes de l'édifice.

La demi-coupe marquée n°. 1 est prise suivant l'axe AA tracé sur le plan de la planche I, tandis que celle n°. 2 l'est suivant l'axe BB.

Le plafond est une voûte en coupole dont les nervures, partant des angles de la base octogone, vont se rattacher par leur sommet à la base circulaire de l'enveloppe interne et cylindrique du lanternon; et, comme celle extérieure est octogonale, il résulte de là une double cheminée d'appel dont la base, toute à claire-voie, permet le libre dégagement des vapeurs, de la fumée et de l'air échauffé de la cuisine. Le dispositif de ce lanternon est extrêmement ingénieux : il est léger, gracieux et surtout solide, ainsi que le prouve son état actuel de parfaite conservation après tantôt quatre siècles et demi d'existence.

N°. 64. Planche IV. — Détails divers.

Nous donnons ici un compartiment de l'une des faces extérieures du lanternon, ainsi que les profils des principales moulures de l'édifice entier. On a dû remarquer à la planche I deux projections horizontales du lanternon.

AUBERGE ST.-GEORGE, A GLASTONBURY.

On la désigne souvent aussi sous le nom d'*Auberge de l'Abbé*, en souvenir de son fondateur, John de Selwood, abbé de Glastonbury sous le règne d'Édouard IV. On dit qu'il avait annexé deux enclos de terrain à cette maison, qu'il destinait au receveur de l'abbaye. M. Gough et quelques autres auteurs ne partagent pas cette opinion et pensent que c'était une dépendance du couvent, une auberge où étaient traités gratuitement les pieux pèlerins qui venaient visiter la célèbre abbaye. Quant à nous, nous trouvons plus vraisemblable que cette maison fut construite à l'usage des voyageurs ordinaires, qui y payaient leur dépense comme en toute autre auberge, et qu'elle avait pour hôte un tenancier du monastère (1). Quoi qu'il en soit, elle eut toujours pour enseigne St.-George terrassant le dragon, cette légende favorite des temps anciens.

---

(1) John de Selwood, ainsi appelé d'après le lieu de sa naissance, mais dont le nom de famille était Edmunds, fut élu abbé de Glastonbury en novembre 1457 et occupa cette dignité jusqu'à sa mort, survenue en 1493.

N°. 65. Planche I. — Façade extérieure.

Cette façade est un type précieux de notre architecture domestique du XV° siècle. Bien qu'elle ait subi quelques altérations, elle est cependant encore assez bien conservée pour qu'il ait été possible de la rétablir ici dans son état primitif (1). Le fenêtrage à compartiments variés qui en recouvre pour ainsi dire toute l'étendue, et dont des panneaux aveugles modèrent les jours, est d'un effet ornemental très-gracieux. La triple fenêtre du deuxième étage qui surmonte la porte, est encadrée par deux petites niches, dont l'une contient une statuette de saint George, tandis que l'autre représente une tour armée d'une herse et d'une meurtrière en arbalétrière. Il paraît qu'il se trouvait autrefois dans les créneaux du couronnement plusieurs petites figurines semblables à celle qui décore encore le créneau central de la partie de la façade qui fait avant-corps. La coupe que cette figurine tient en main est un symbole d'hospitalité.

Dans l'intérêt de la distribution intérieure, la porte n'occupe pas le centre de la façade, et l'artiste ne s'est pas non plus préoccupé du manque de symétrie qui résulte de ce qu'il n'y a de fenêtre en saillie que d'un seul côté de la porte. Ce manque d'uniformité dans la disposition des membres d'une façade se rencontre souvent dans les constructions du moyen âge : ce qui prouve que l'on attachait alors beaucoup moins d'importance qu'aujourd'hui aux règles d'une gênante, monotone et inutile symétrie. L'écusson sculpté qui décore le panneau central de la frise de la porte est aux armes écartelées des rois de France et d'Angleterre; le lion et le bœuf qui lui servent de tenants sont ceux adoptés par Édouard IV. A la droite de cet écusson s'en trouve un autre meublé de la croix de saint George (c'était sans doute le blason de l'abbaye de Glastonbury). Il est probable que l'écusson de gauche était autrefois aux armes du fondateur Selwood, mais il est maintenant tout-à-fait effacé (2). La

---

(1) Quelques compartiments de fenêtres sont maintenant bouchés et d'autres mutilés et dépourvus de leur ancien grillage en fer. C'est le fenêtrage du rez-de-chaussée qui a le plus souffert.

(2) Ces supports de l'écu royal ont été remarqués par le docteur Stukely, lorsqu'il logea à cette auberge en l'année 1723. Les armes de l'abbaye ont subi plusieurs variations. La croix en a toujours été la principale pièce honorable, mais cette croix est tantôt simple et tantôt fleuronnée de diverses manières. (Voir la préface du tome XXXIII de *Notitia monastica* de Tanner). M. Gough a décrit, au tome I de son *Camden*, les armoiries qui décoraient autrefois le troisième écusson de cette frise, lequel est, de même que celui central, décoré de lambrequins fleuronnés de roses.

toiture actuelle de cette maison n'est pas, quoiqu'elle soit très-ancienne, celle primitive, et tout porte à croire que celle-ci était en plate-forme plombée. Le sommet de la tourelle de droite a été surhaussé d'un dais disposé de façon à loger une petite cloche.

N°. 66. Planche II. — Détails de cette façade.

La légende explique suffisamment la nature de ces détails; aussi nous bornerons-nous à faire remarquer ici la grande pureté des moulures.

N°. 67. Planche III. — Autres détails et plans divers de l'édifice.

La figure 1 représente, de flanc et de face, le corbeau en pierre qui porte l'enseigne (1). La corniche en est ornée de banderoles sculptées, dont celle inférieure toute chargée de petits écussons à la croix et de monogrammes du fondateur (un I et un S enlacés).

La figure 2 donne deux coupes horizontales de la façade : l'une prise à travers le fenêtrage du rez-de-chaussée, et l'autre à travers celui de l'étage supérieur.

La figure 3 est un plan par terre de l'édifice entier. Au-dessous des deux grandes pièces de droite se trouve une cave voûtée (2).

---

(1) Il est probable que l'enseigne autrefois portée par ce corbeau était une grande figure sculptée et coloriée de saint George et de son dragon. On mettait alors beaucoup de luxe dans les enseignes.

(2) Comme un étroit canal d'assèchement débouche dans cette cave, la malveillance s'est plu à le transformer en une galerie souterraine par laquelle les moines de l'abbaye venaient visiter les pèlerins qui logeaient à l'auberge. De pareils contes ne souillent que ceux qui les imaginent.

TRIBUNAL DE GLASTONBURY.

Cette maison — ainsi appelée on ne sait pourquoi, car elle n'a jamais, que l'on sache, été affectée au service judiciaire — se voit encore dans une des rues de Glastonbury. C'était anciennement une propriété de l'abbaye. Sa construction est purement domestique, et, comme elle porte le cachet du style en vogue au commencement du XVI° siècle, il est permis d'en attribuer la fondation à Richard Beere, qui fut abbé de Glastonbury depuis 1493 jusqu'en 1524, et qui est connu, d'ailleurs, pour avoir beaucoup amélioré différents édifices appartenant à l'abbaye.

N°. 68. PLANCHE I. — Élévation, coupe, plan et détails de la façade extérieure.
Plan général par terre de l'édifice.

Les plafonds des trois grandes pièces du rez-de-chaussée sont ornementés de caissons en plâtre. Bien qu'il n'en reste plus de traces, on dit que la fenêtre en encorbellement du premier étage comportait autrefois des vitraux coloriés aux armes de divers rois, abbés et bienfaiteurs de l'abbaye. Les fenêtres de cette façade ressemblent à celles de l'ancien hôtel de l'abbé dont l'*Itinerarium curiosum* de Stukely contient une vue, ainsi qu'il a été dit précédemment.

GRANGE DE L'ABBÉ A GLASTONBURY.

Quoique cet édifice soit une des plus intéressantes reliques de l'ancienne splendeur architecturale de Glastonbury et qu'il constitue dans son genre un des types les plus beaux et les plus grandioses que l'on puisse rencontrer, il a cependant échappé à l'attention de Stukely, de Gough et de la plupart des autres archéologues et touristes. On n'a aucune donnée sur l'époque de sa fondation, et comme l'on est réduit à juger de son âge d'après le style de son ornementation, nous pensons que cette grange a été bâtie à la même époque que la Cuisine de l'Abbé, c'est-à-dire vers la fin du XIV⁰ ou au commencement du XV⁰ siècle, alors que Chinnock était abbé de Glastonbury.

N°. 69. Planche I. — Façade du sud. Médaillons qui décorent le sommet des quatre gables de l'édifice.

N°. 70. Planche II. — Demi-plan par terre. Fenêtre du porche et détails de la façade, côté du sud.

Il suffit du demi-plan ici reproduit pour faire juger de l'étendue et de la forme générale de cette grange, dont l'aire occupe le centre. Outre la grande porte de face, chacun des deux porches en transept est muni de deux petites portes latérales. On a figuré, sur la partie droite du plan, la projection de la charpente du comble.

La figure 2 représente la fenêtre située dans le gable de l'un des porches. Ces fenêtres sont richement moulurées et d'un très-joli tracé. Les profils en sont donnés à la figure 3, ainsi que ceux du jambage de la porte et de l'amortissement à redents en talus d'un contrefort.

N°. 71. Planche III. — Façade du couchant et coupe suivant l'axe des porches ou du transept.

Fig. 1. Cette façade est naturellement ici encadrée par l'une des élévations latérales de chacun des porches. La composition en est aussi belle que bien appropriée à la destination de l'édifice : c'est, en effet, une heureuse idée que celle d'avoir tiré parti, pour l'ornementation architectonique, des étroites meurtrières que nécessitait la ventilation de la grange ; et la forme de croix donnée aux meurtrières supérieures, ainsi que les médaillons aux attributs évangéliques et les oculi trinitaires qui décorent les tympans des gables, sont d'édifiants témoins de la sublime source où les artistes du moyen âge puisaient leurs nobles inspirations.

On voit à la coupe, fig. 2, que la charpente du vaisseau se compose, comme celle des halles, d'un système de grandes fermes ogivales, dont le tracé, quoique simple, est fort bien entendu.

N°. 72. Planche IV. — Détails ornementaux des élévations données aux planches I et III ci-dessus.

Les deux gables du grand comble sont couronnés par des statues de demi-grandeur naturelle. Celle ici représentée appartient au gable du couchant : c'est un évêque portant sa crosse et revêtu de l'ancien costume épiscopal (1). Au-dessous de cette figure, nous avons tracé le profil du chaperon des gables ; les joints en sont taillés obliquement, de manière à ce que leur chevauchement empêche toute filtration de la pluie. Les gables des porches ont pour acrotères des bouquets d'un fort joli dessin, ainsi que le montre celui ici reproduit de face et de profil. Au bas de la planche, on voit de front et de flanc l'amortissement de l'un des contreforts qui butent les gables de porche. Le profil de cet amortissement est d'une grande élégance, et le bouledogue qui le surmonte est plein d'action et de physionomie. La tête de roi couronné qui vient ensuite est l'ornement de l'un des corbeaux qui supportent les chaperons de gable du grand comble. Enfin, le profil qui figure dans l'angle supérieur et à droite de cette planche est celui de la corniche de comble.

N°. 73. Planche V. — Détails des tympans des gables du grand comble.

Nous donnons d'abord, en élévation et coupe, l'un des oculi trinitaires déjà mentionnés ; le tracé en est beau et les moulures fort élégantes (2). Vient ensuite, en élévations intérieure et extérieure et en plan, l'une des étroites baies en arbalétrière qui se trouvent accouplées sur les tympans des grands gables.

Nous croyons ne pouvoir mieux terminer la description de ce beau type de notre vieille architecture qu'en exprimant ici nos vœux les plus fervents pour sa conservation. Les constructeurs et fondateurs du moyen âge nous ont légué, de leur science, de

---

(1) Ces statuettes représentent probablement quelques saints patrons de l'abbaye ou bien des évêques qui l'ont dotée de leurs bienfaits.
(2) Il se trouve, dans les ailes de l'abbaye de Westminster, des oculi du même genre, mais beaucoup plus grands et plus ouvragés que ceux-ci. On en voit aussi dans la claire-voie de la nef de la cathédrale de Lichfield.

leur bon goût et de leur générosité, des monuments avec lesquels bien peu d'œuvres modernes peuvent avec avantage soutenir la comparaison. Grâce à leurs excellents procédés d'exécution, leurs édifices ont su se conserver intacts pendant de longs siècles ; et si de nombreux chefs-d'œuvre de cette admirable école ne sont maintenant plus que des ruines ou de simples souvenirs, ce sont bien moins les ravages du temps que le vandalisme et le mauvais goût des modernes qu'il faut en accuser. Enfin, à notre sentiment, la grange, la simple grange que nous venons d'examiner, est une page plus éloquente que le plus beau discours possible à la louange de l'architecture ogivale ou plus proprement dit de l'art *chrétien*, car dans ce mot, dans cet unique mot, se trouve tout entier le secret des merveilleuses ressources déployées dans les constructions et dans toutes les autres branches de la science et de l'art au moyen âge.

FIN DU TOME II.

ARCHITECTURE RELIGIEUSE.

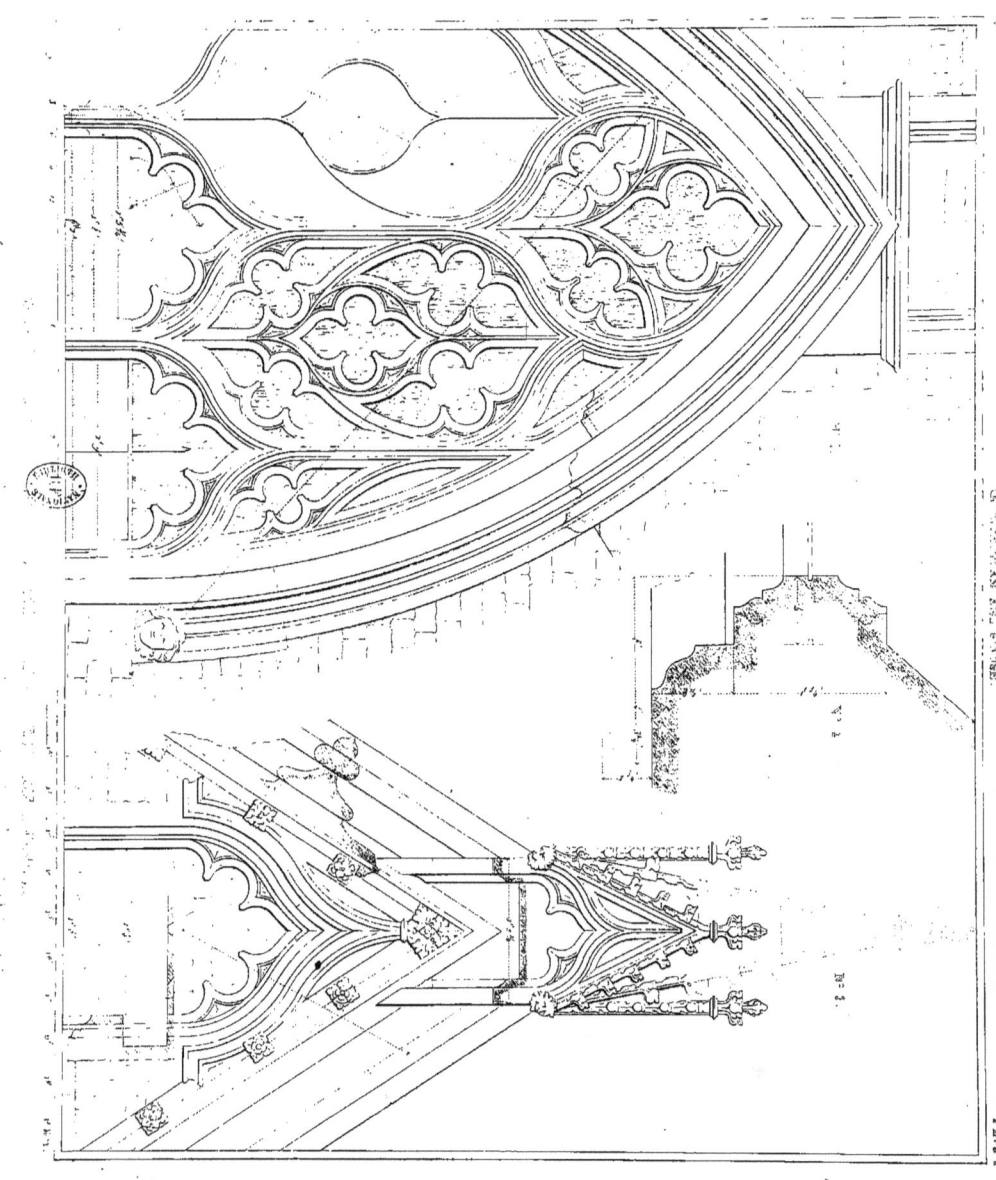

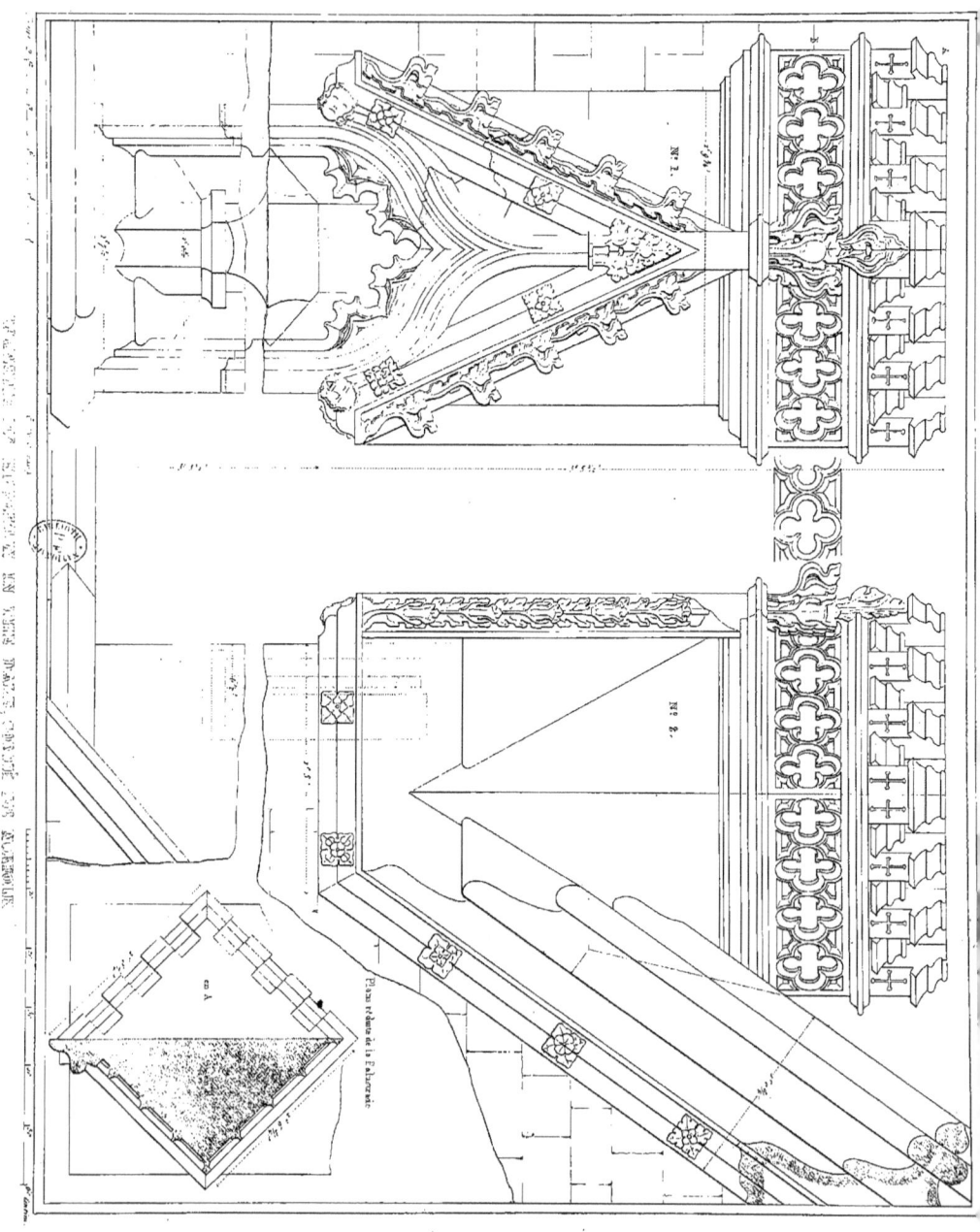

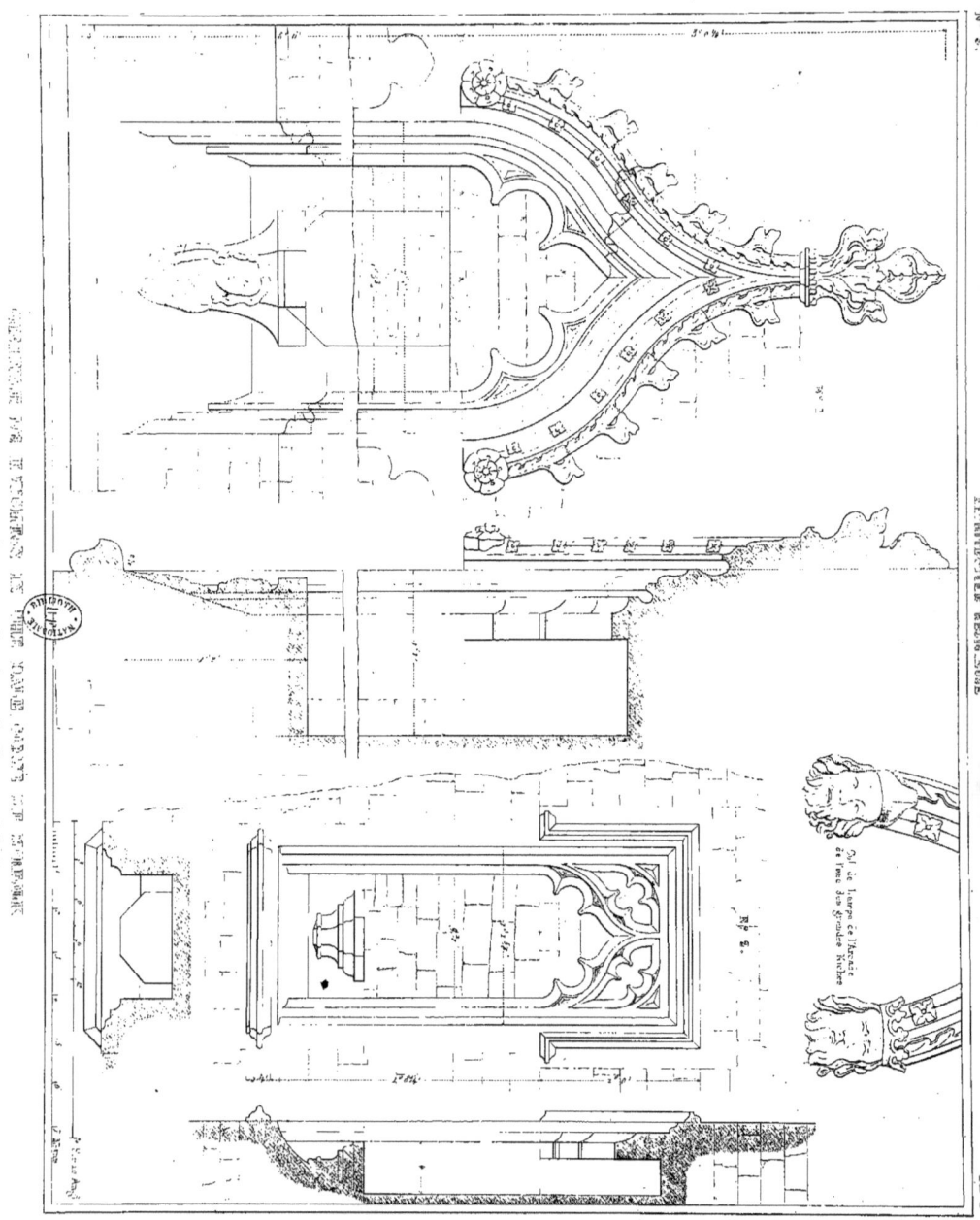

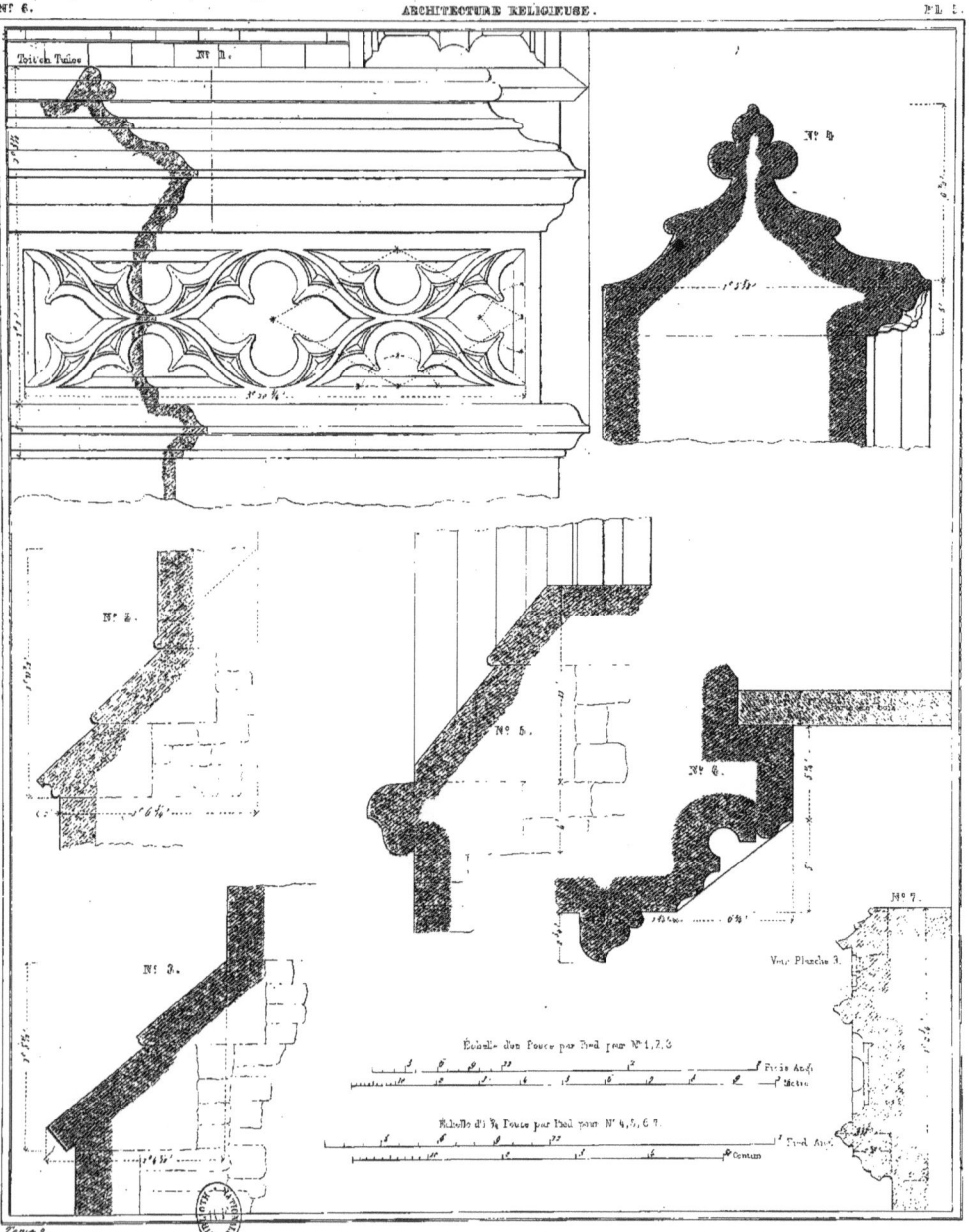

CHAPELLE DE HOUGHTON IN THE DALE, COMTÉ DE NORFOLK.
Détails de la Façade Occidentale.

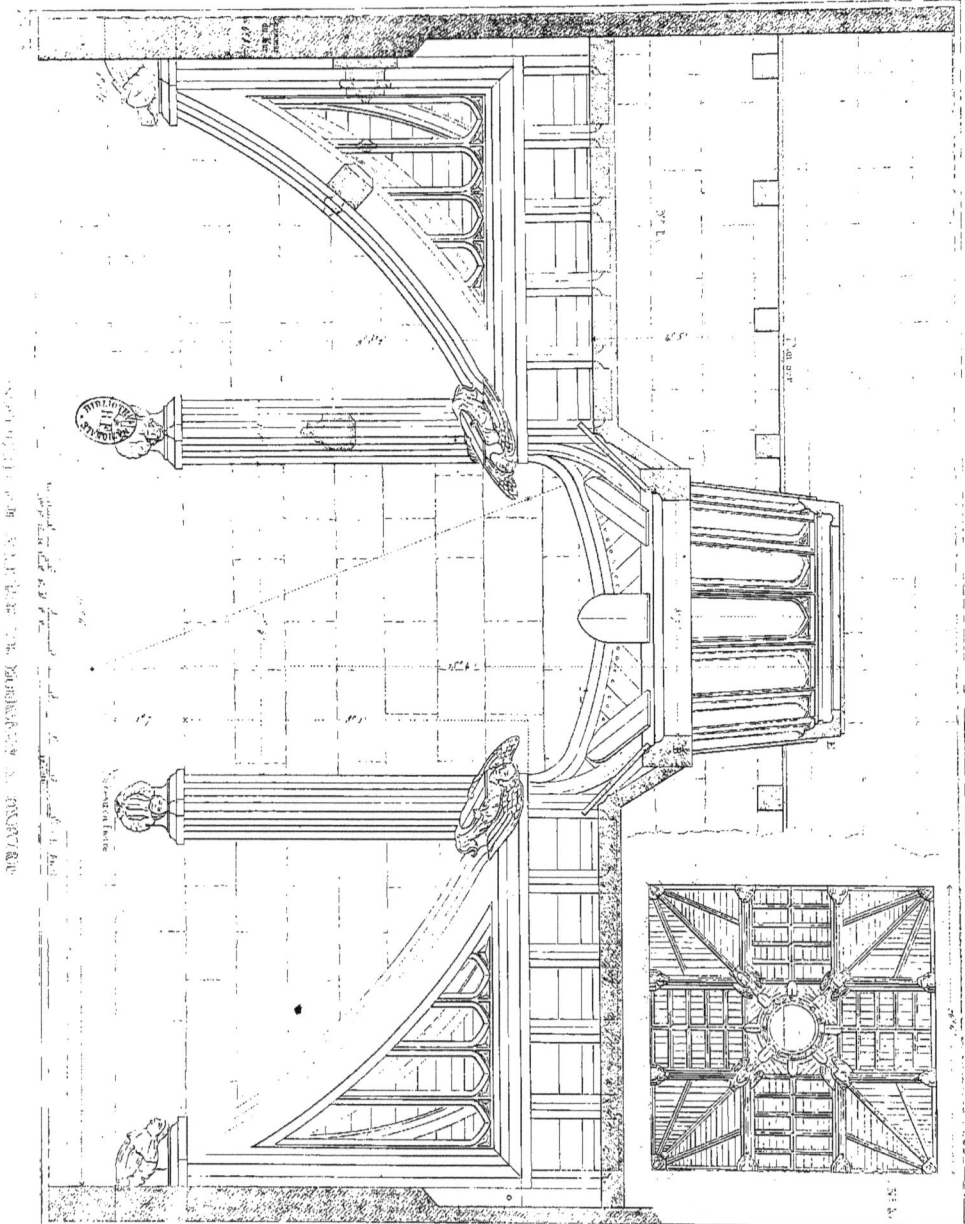

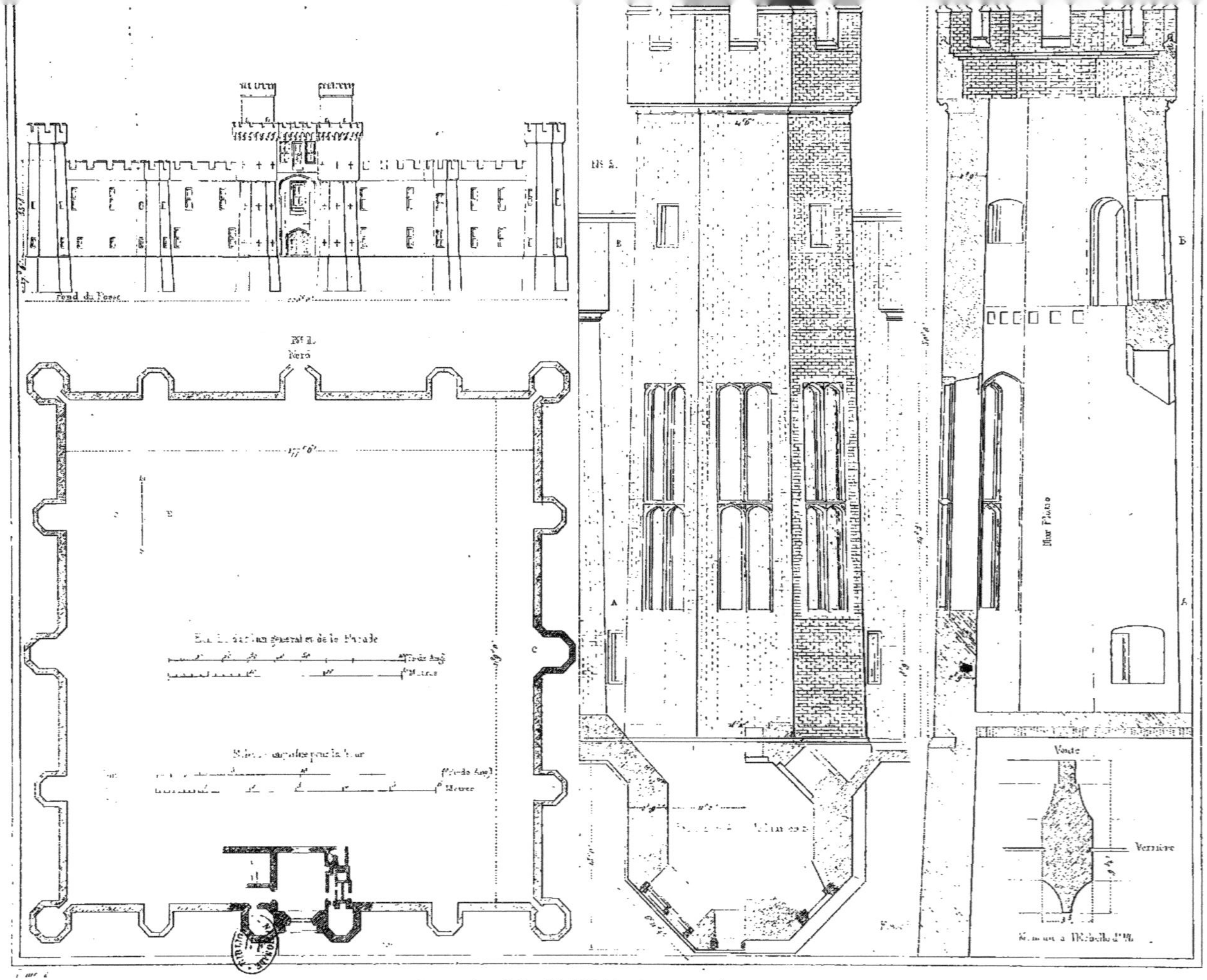

CHÂTEAU DE HERSTMONCEAUX, COMTÉ DE SUSSEX.

[illegible] N° 2 Élévation Plan et coupe de la Tour marquée [illegible] sur le Plan général

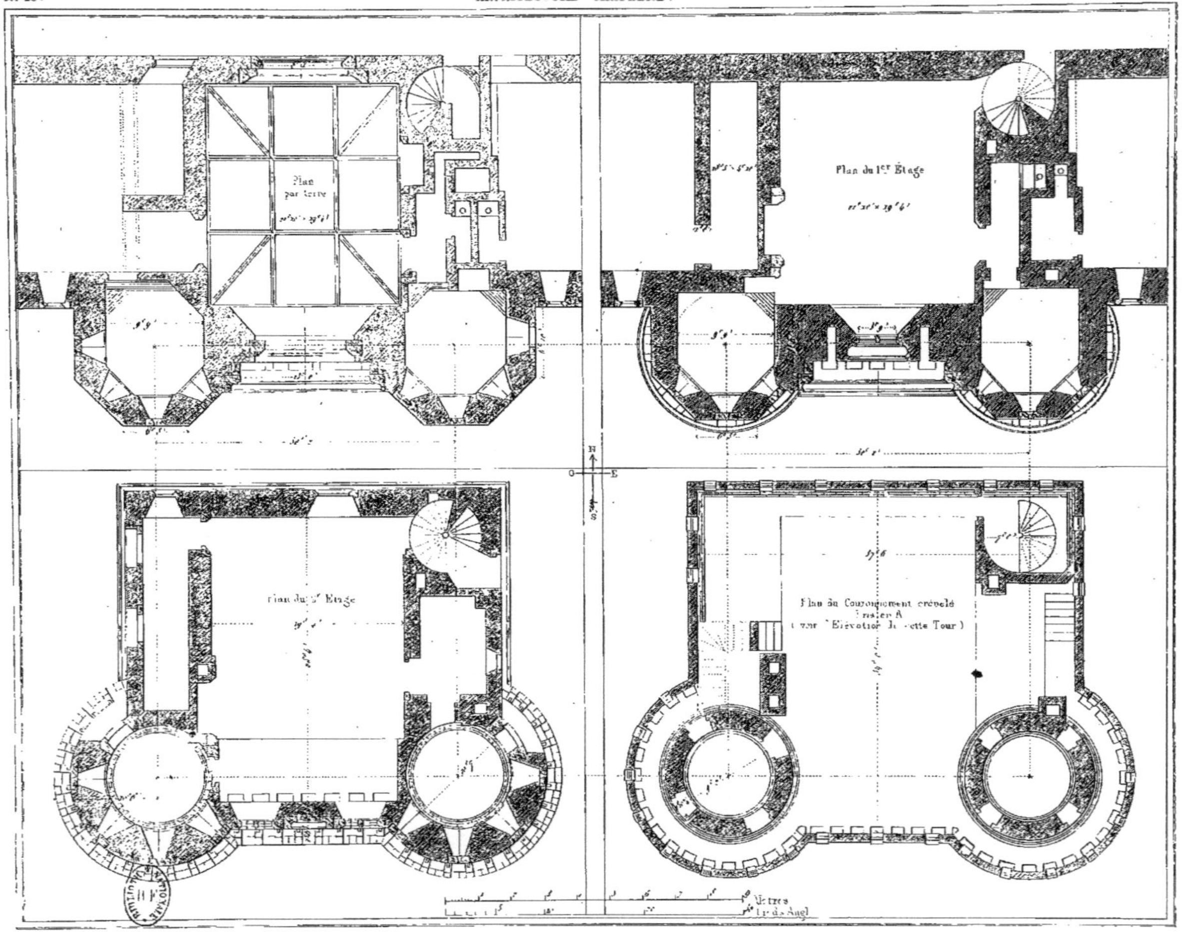

CHÂTEAU DE HERSTMONCEAUX, COMTÉ DE SUSSEX.

Plans de la Tour d'Entrée

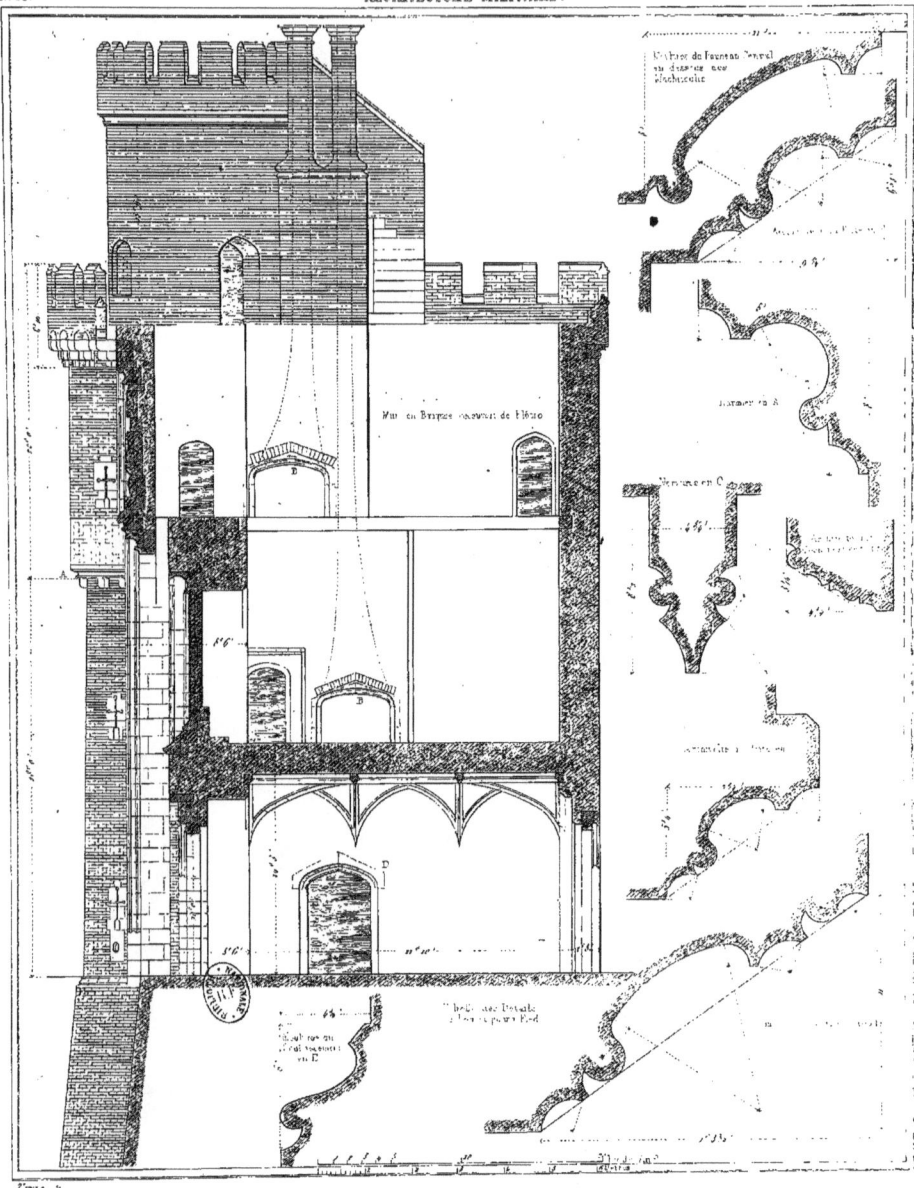

CHATEAU DE HERSTMONCEAUX, COMTÉ DE SUSSEX

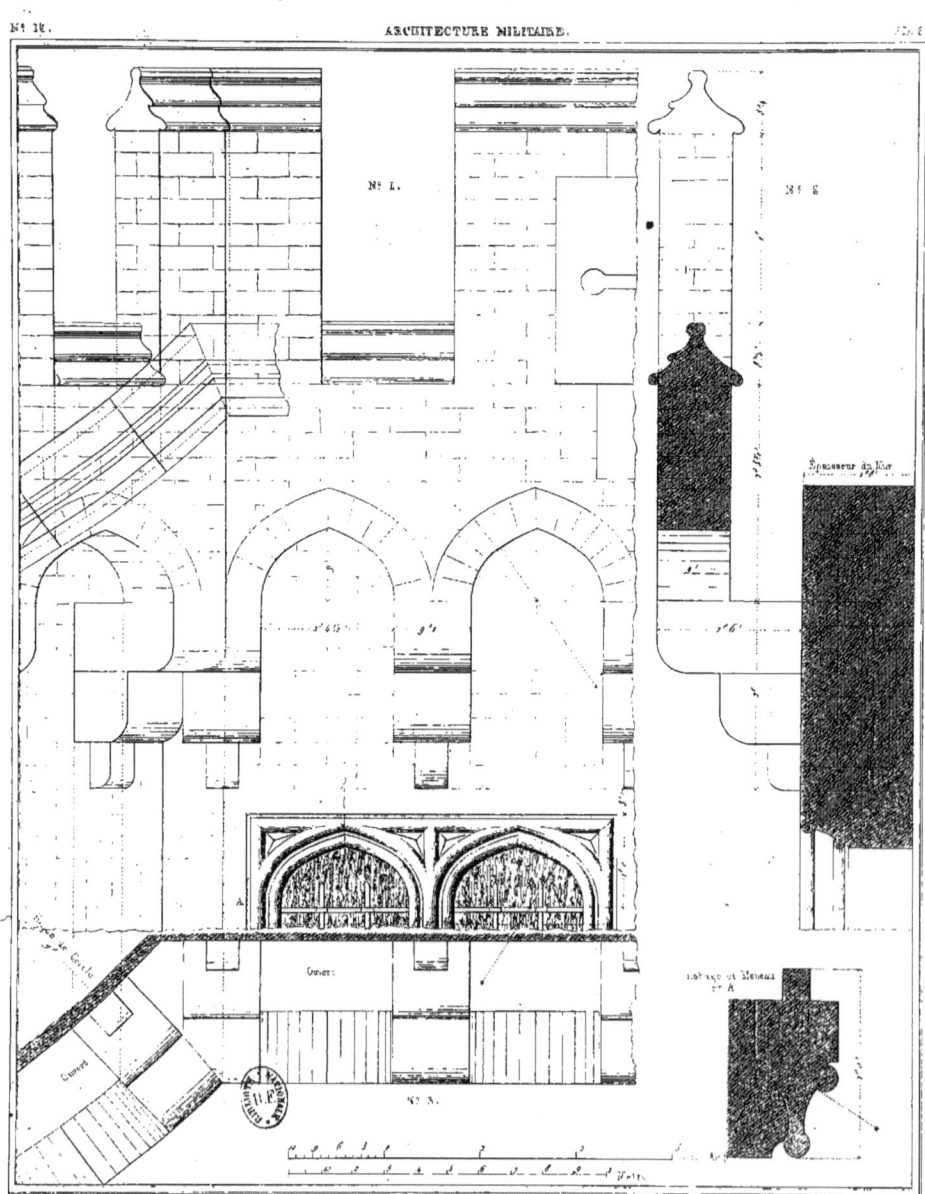

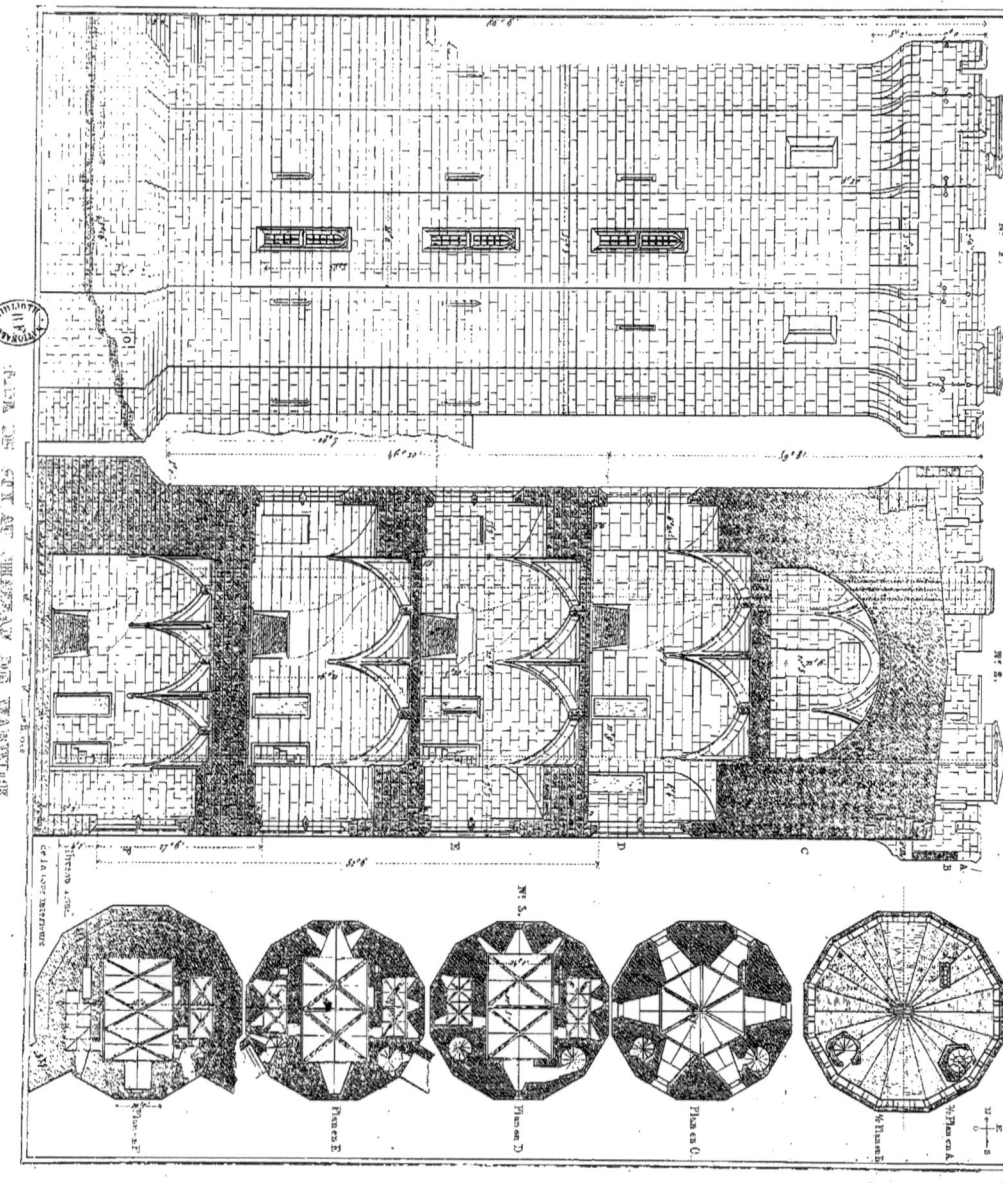

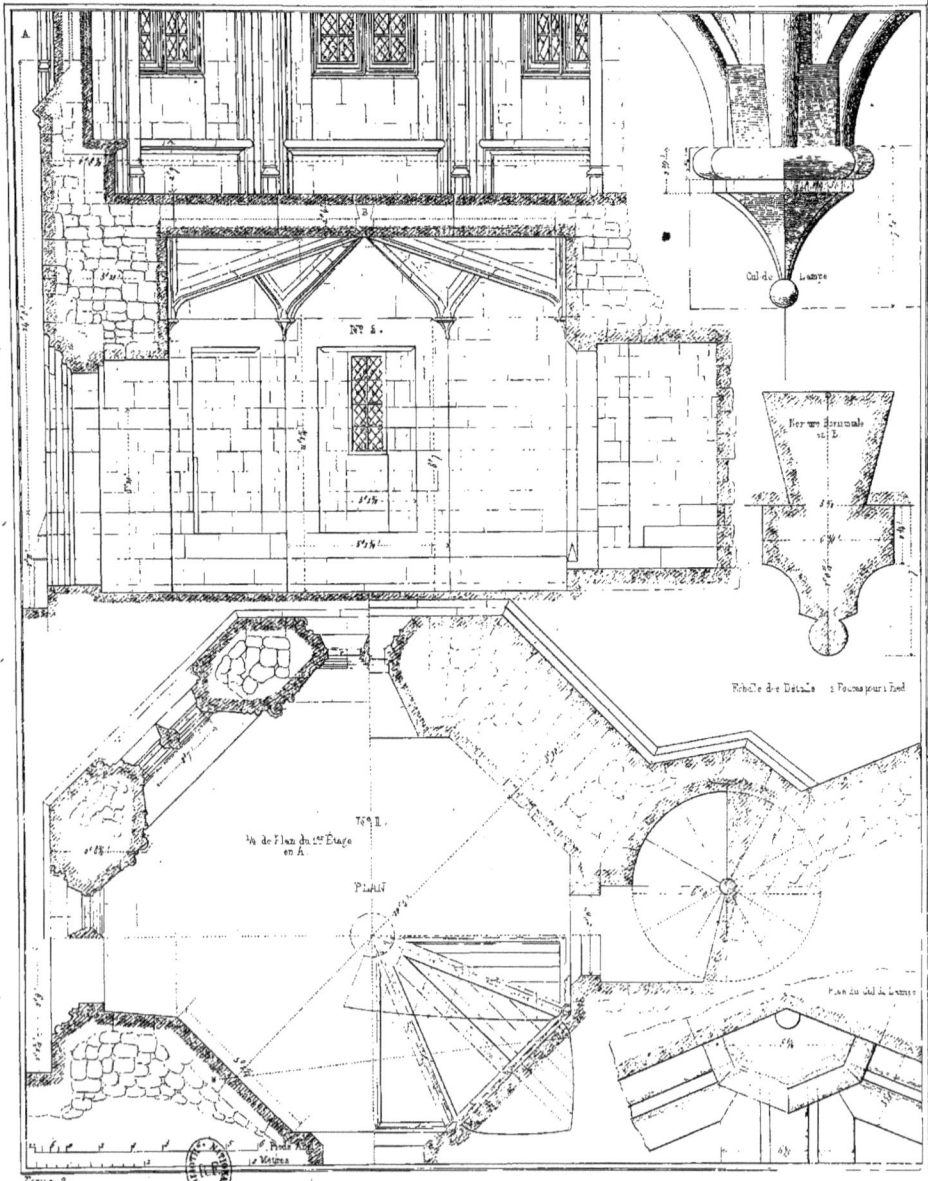

CHATEAU DE KENILWORTH, COMTÉ DE WARWICK.

N° 1 et 2. Plans et Coupe du Porche Octogone — N° 3. Détails anglais.

F. Noblet, Éditeur.

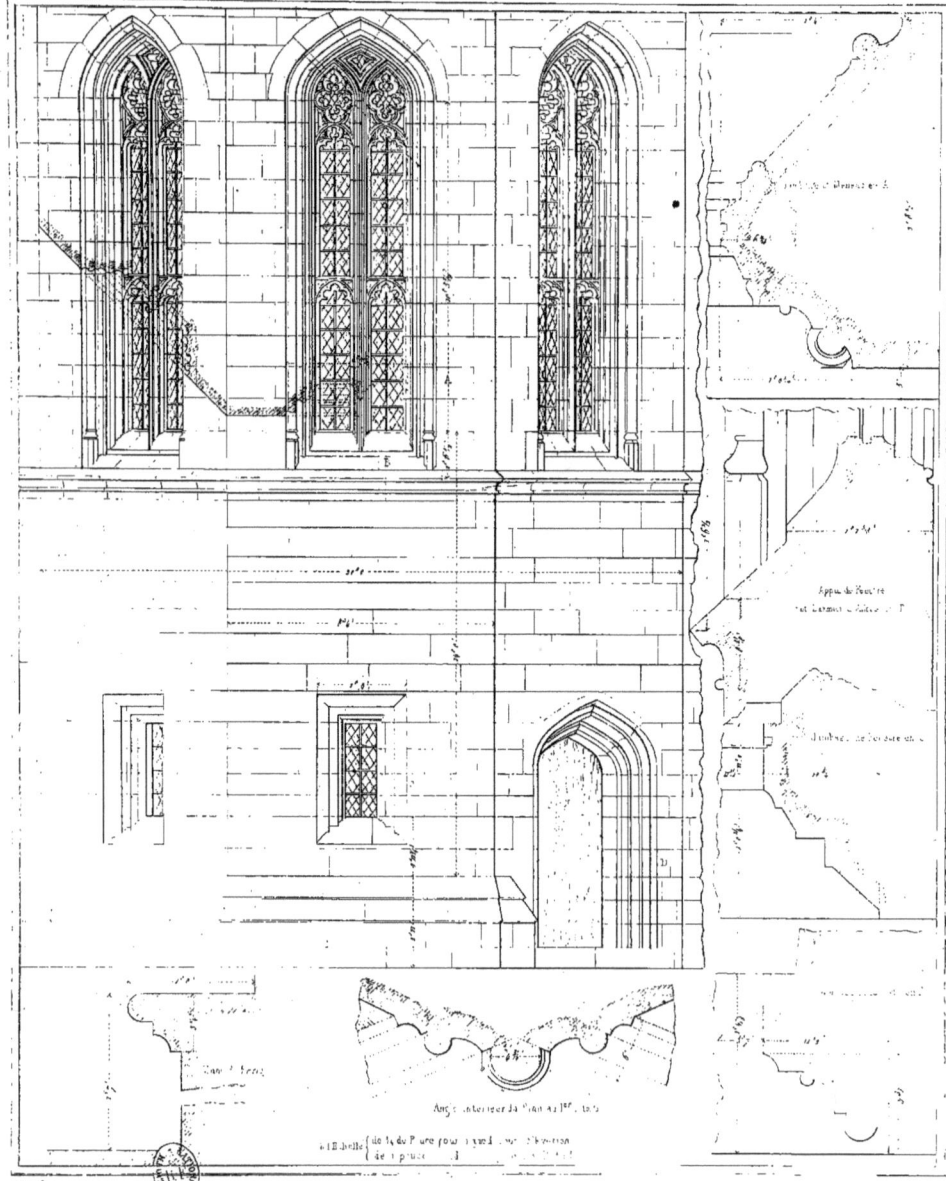

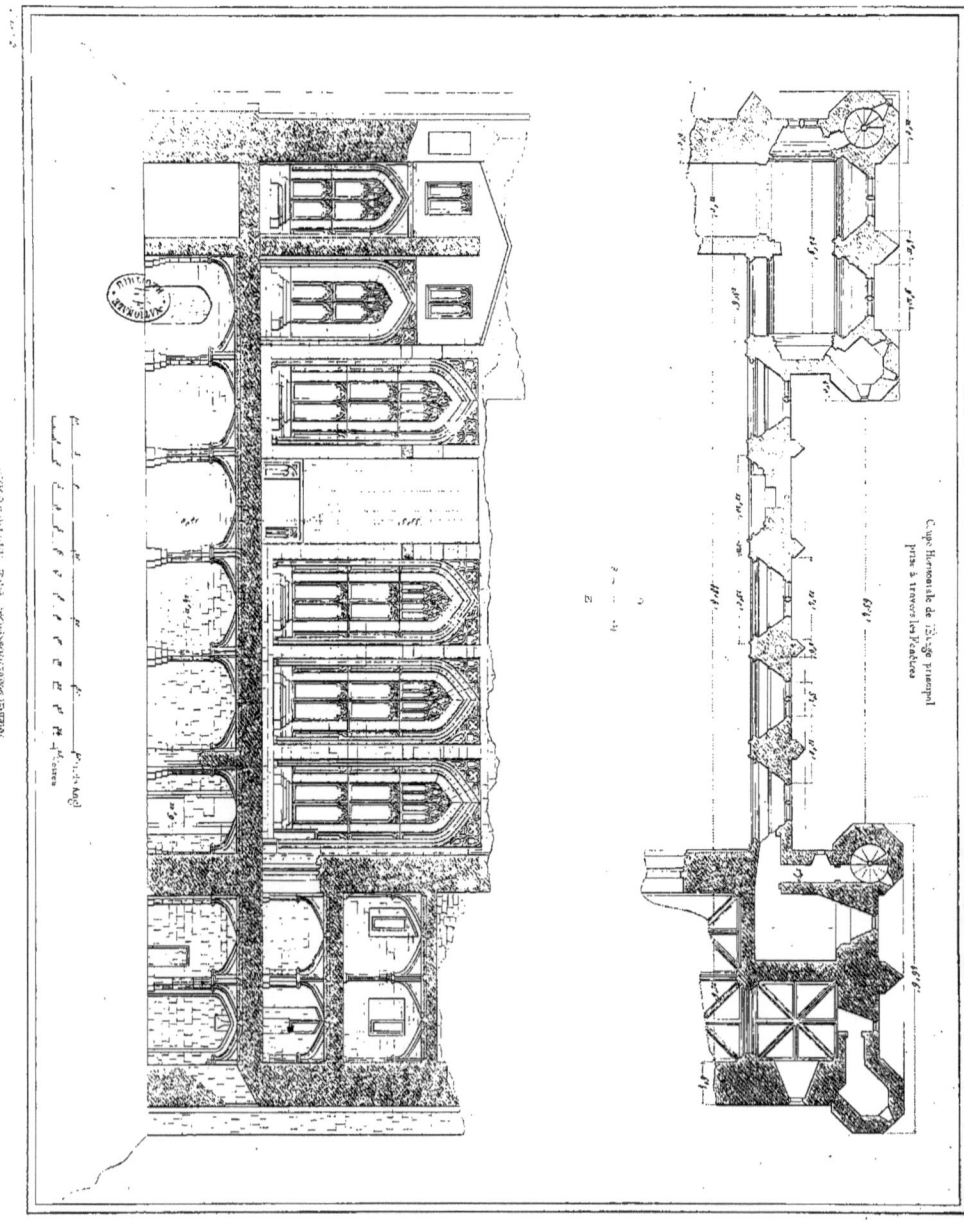

Tome 2.

CHÂTEAU DE PIERREFONDS.

Section intérieure de l'une des Fenêtres de la Salle

CHATEAU DE KENILWORTH.
Réseau et Détails des Fenêtres de la Halle.

ARCHITECTURE MILITAIRE.

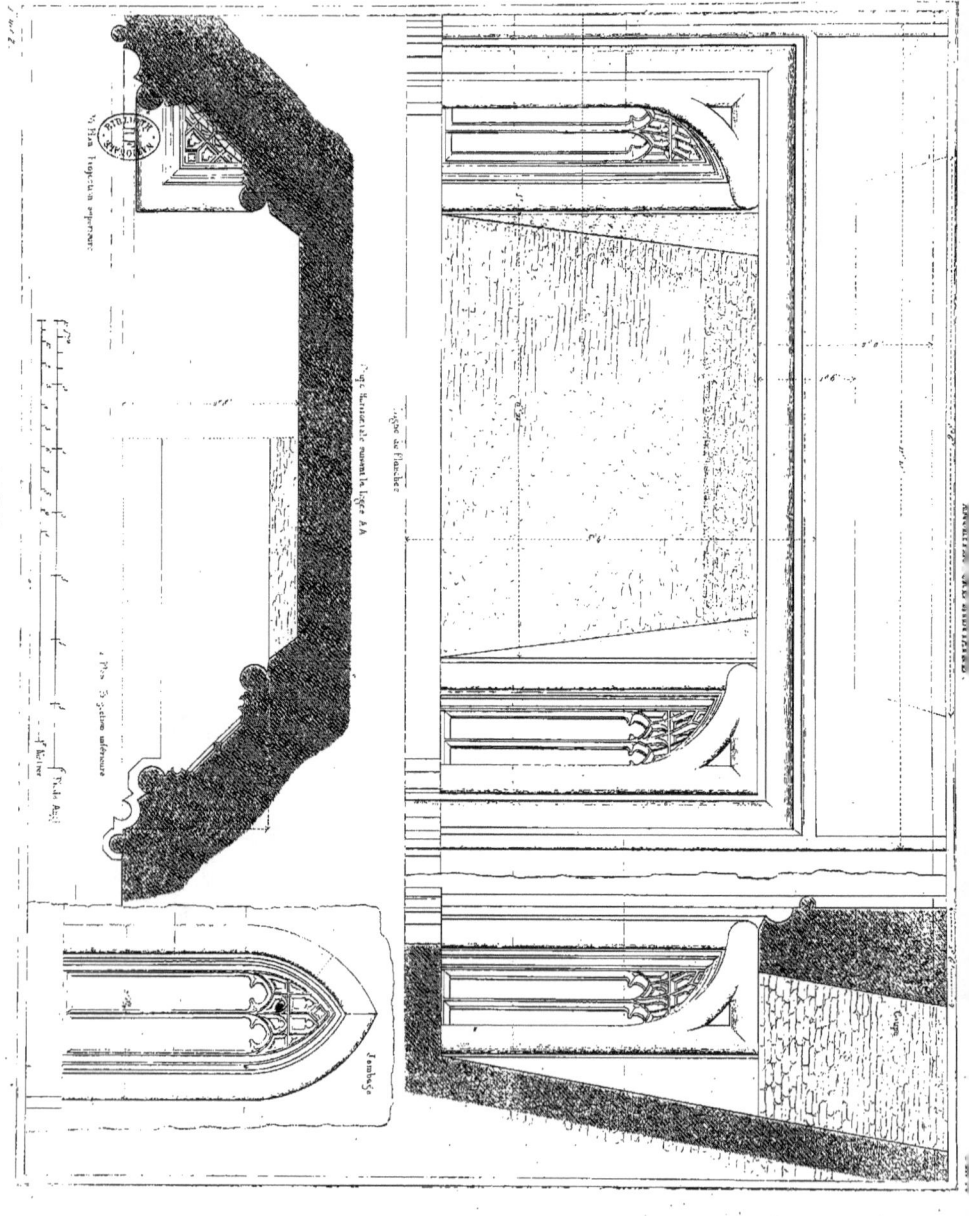

CHÂTEAU DE KENILWORTH.
Fenêtre en pierre de la Salle.

A. Morel, Éditeur.

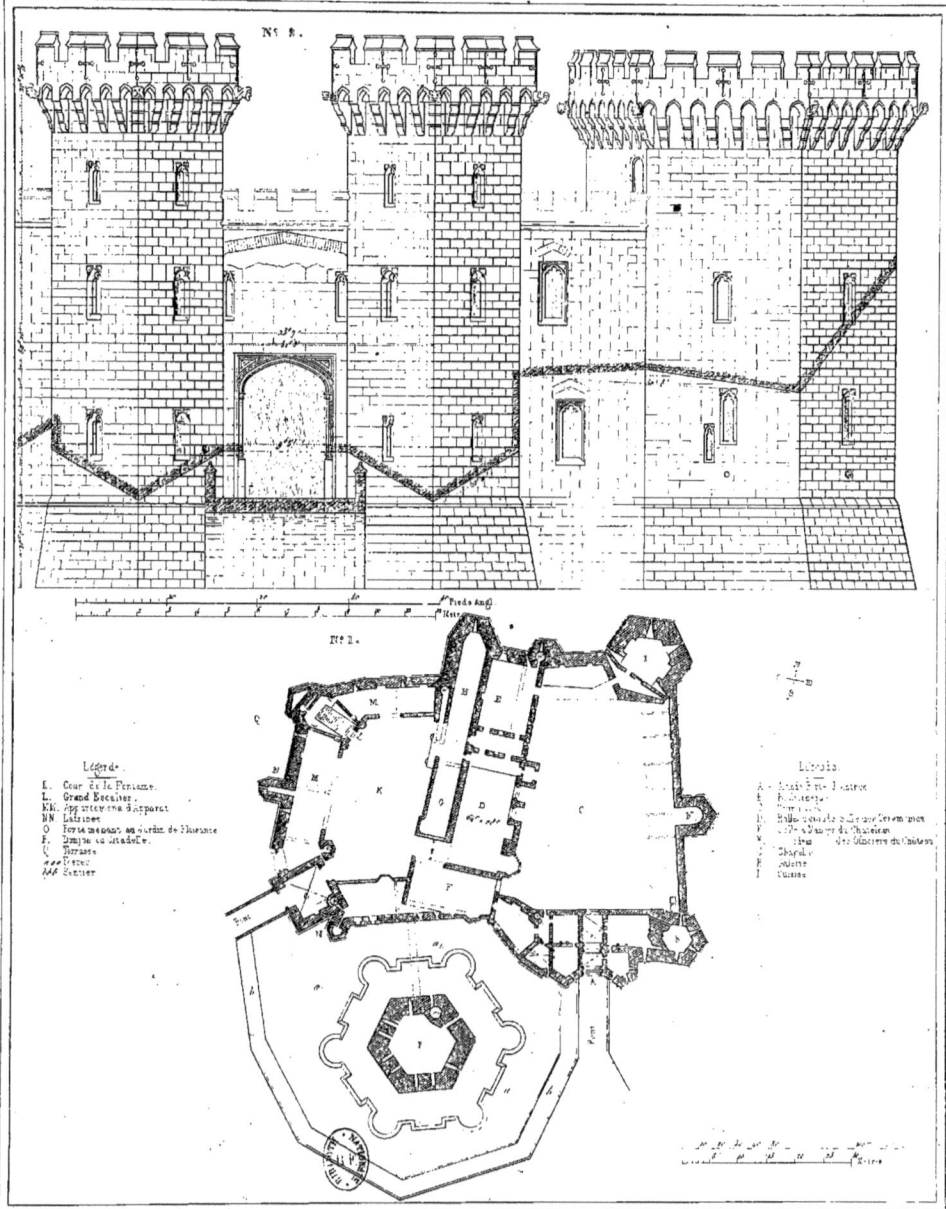

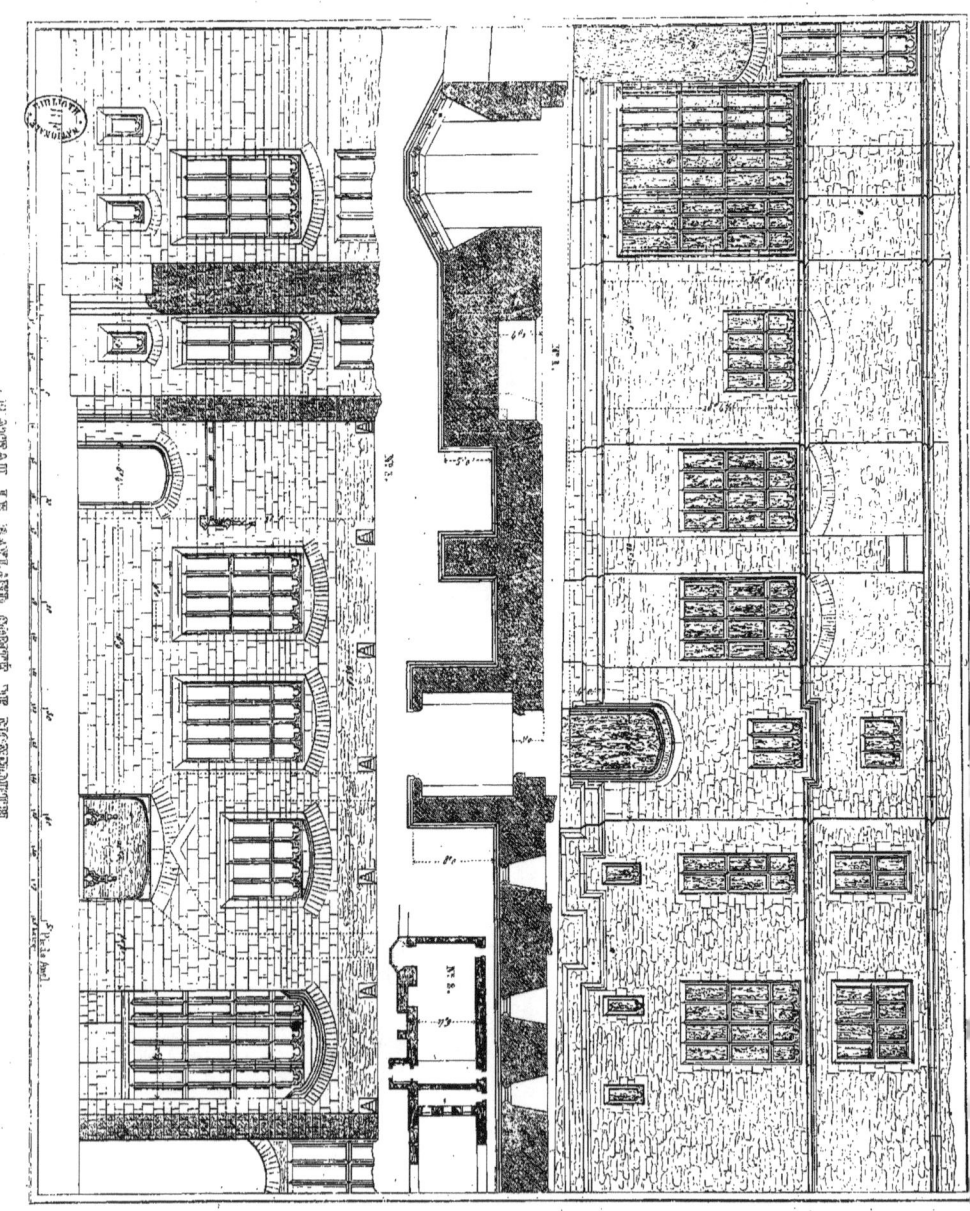

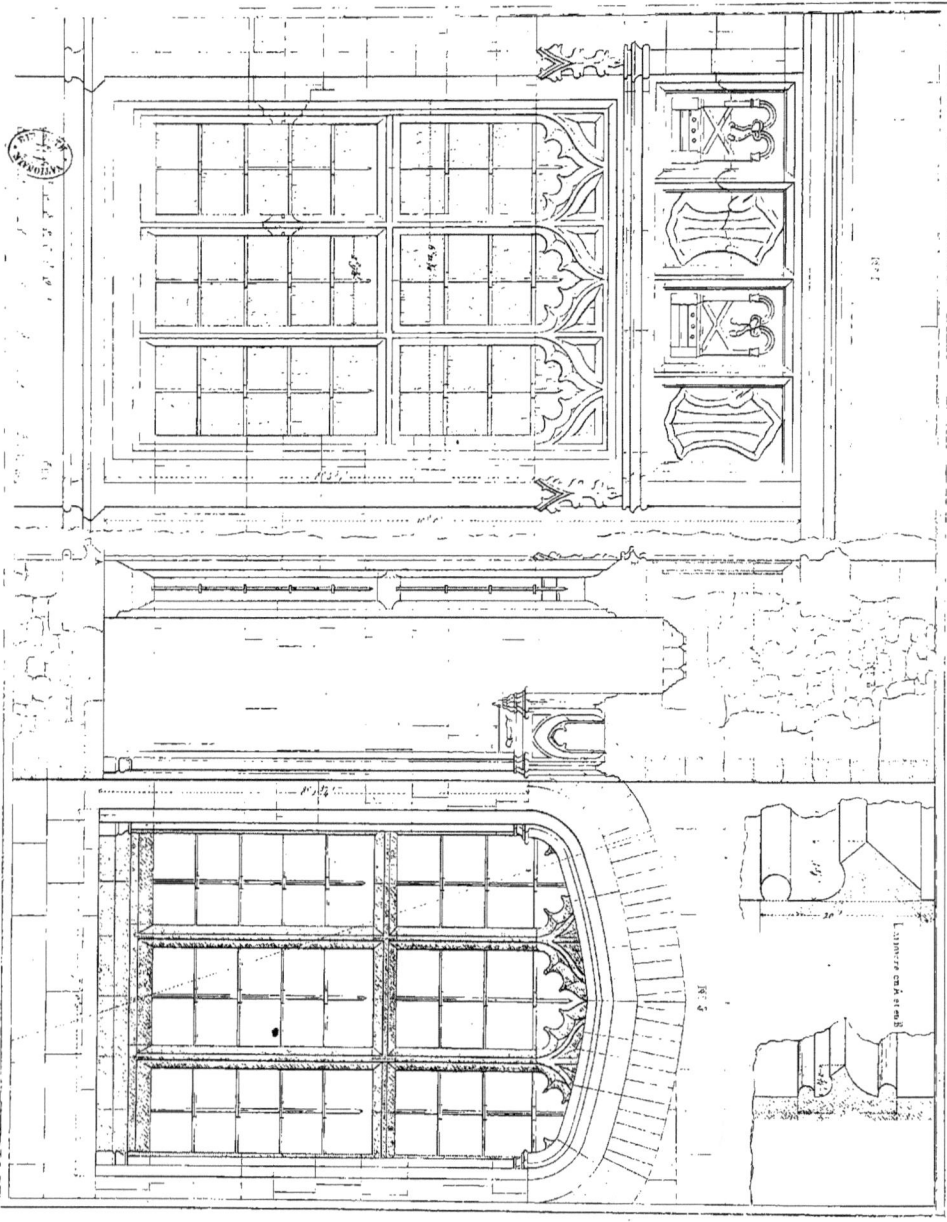

CHATEAU DE RAYLAND, COMTÉ DE MONMOUTH.

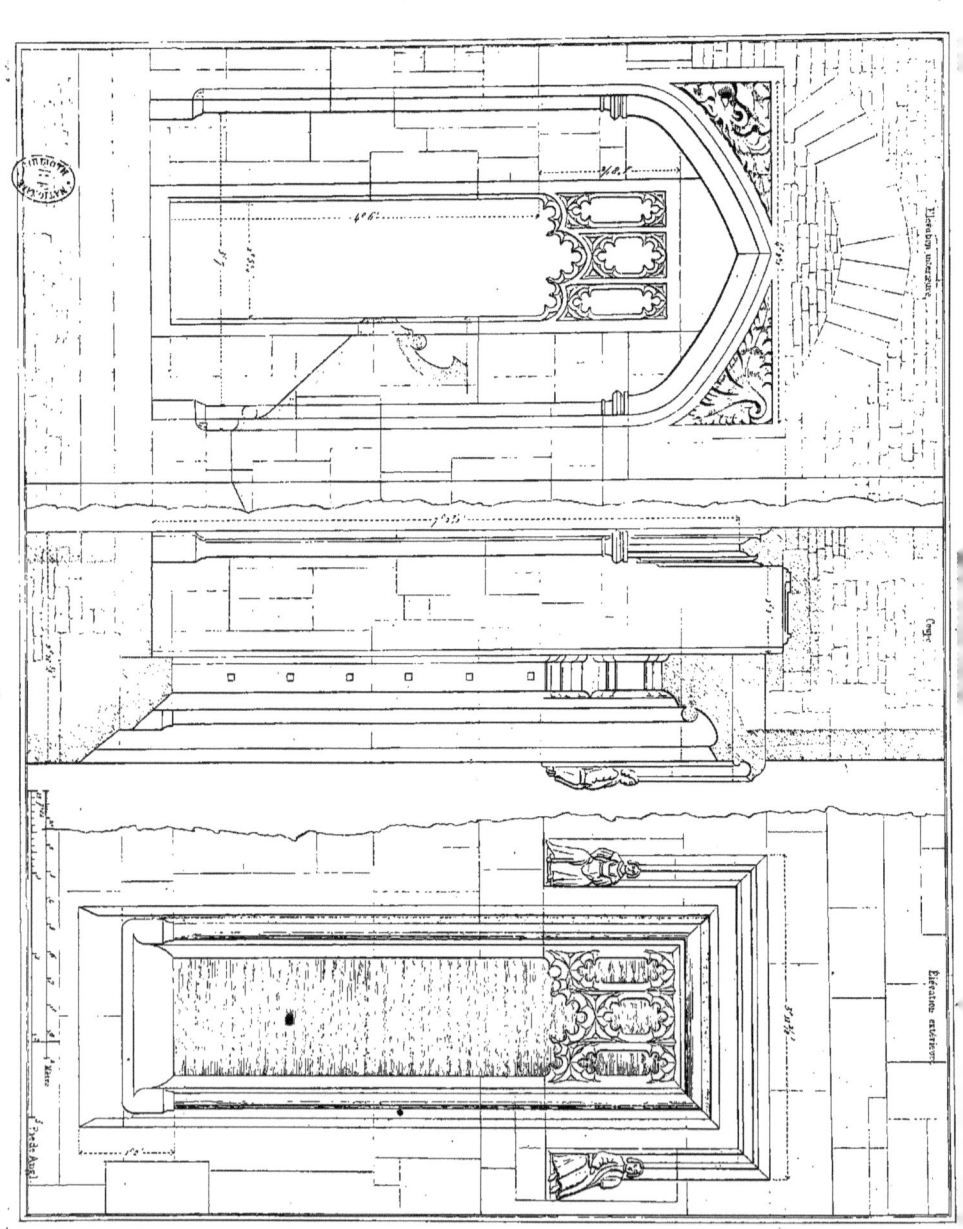

CHATEAU DE LAVIAUD COMTÉ DE MONTMORIN.

Échelle de 0m,05 par mètre pour les Fenêtres des grands Appartements.

Édition Rémoise

CHATEAU DE RAGLAND, COMTÉ DE MONMOUTH.
Élévation, Coupe et Détails de l'une des Fenêtres d'Étage de la grande Tour

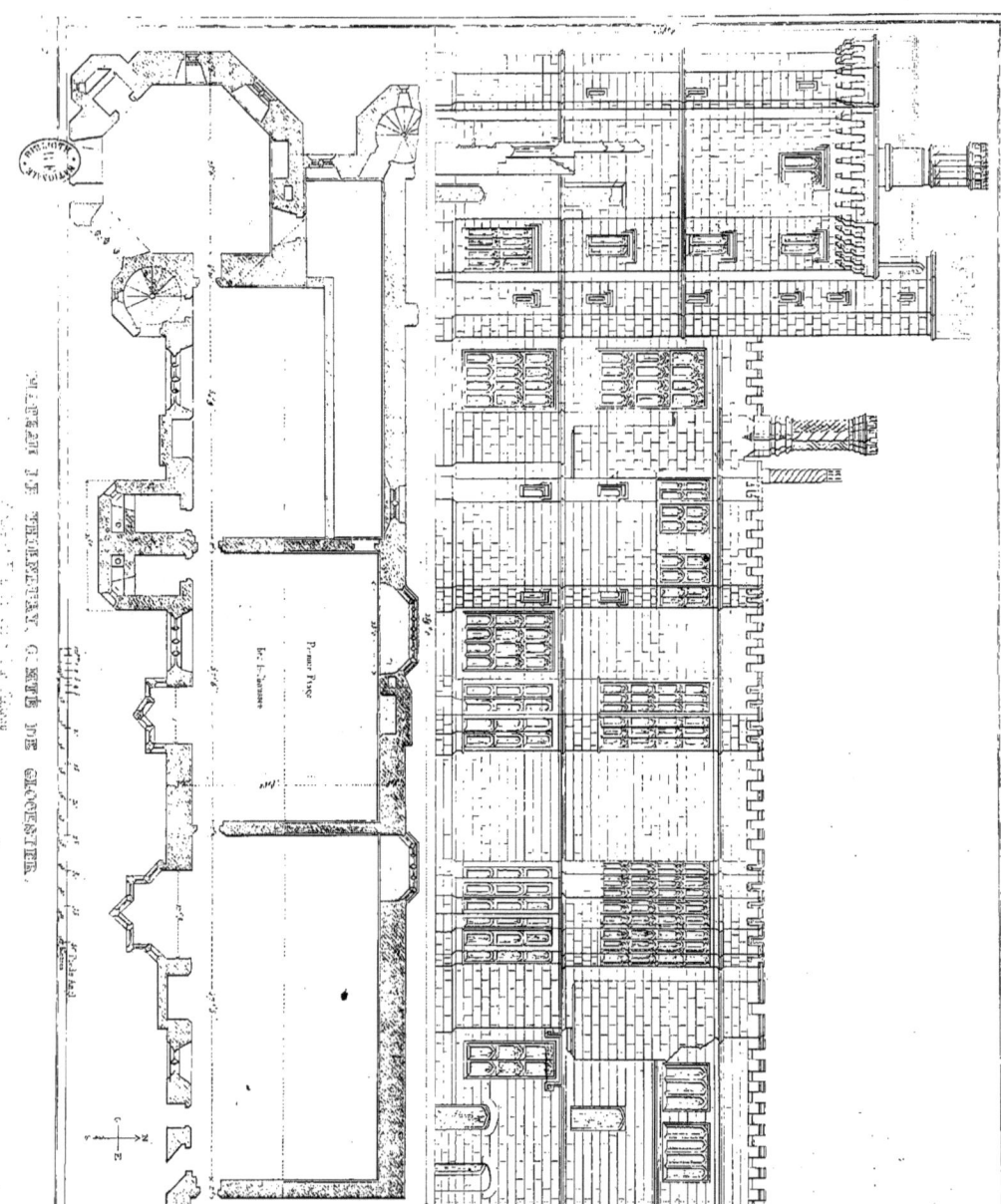

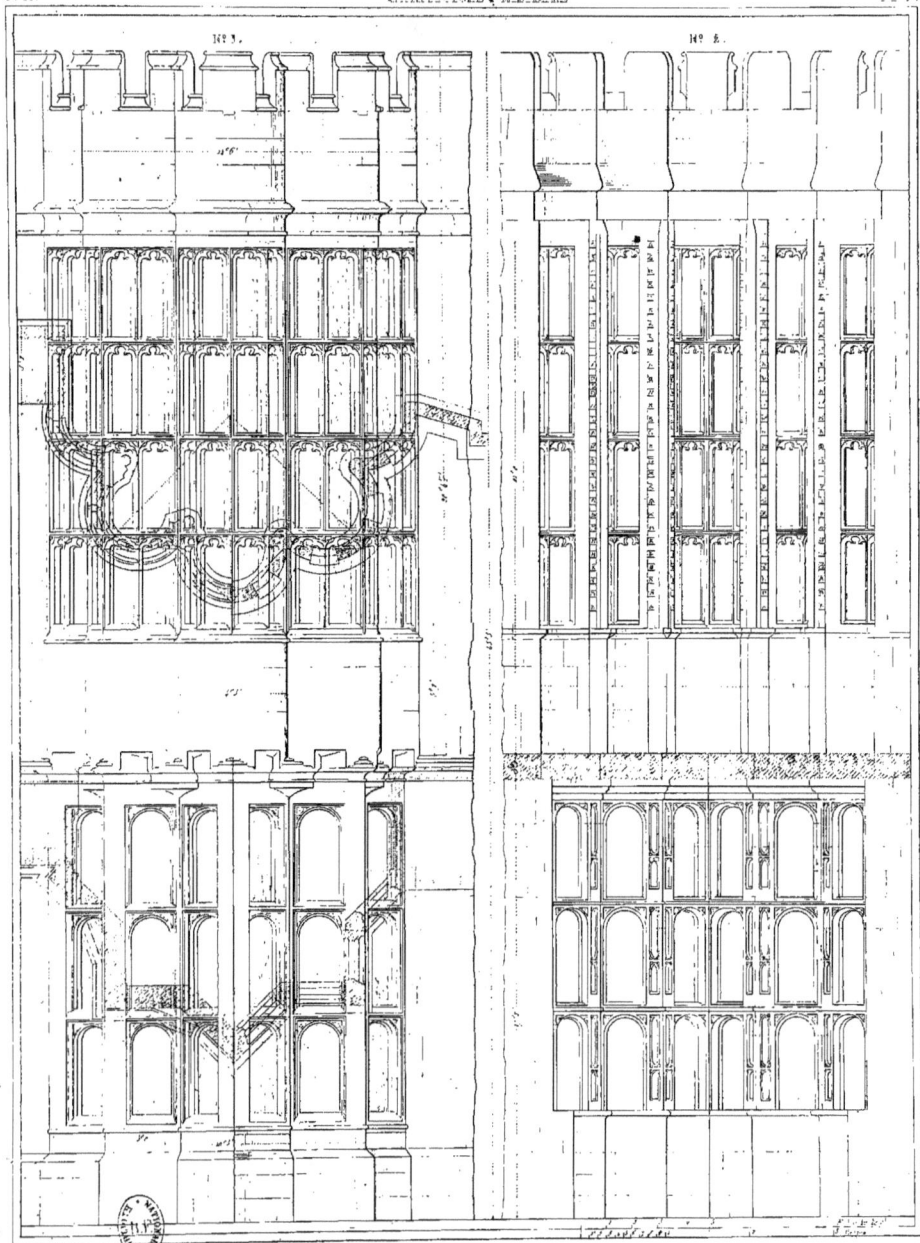

CHATEAU DE THORNBURY, COMTÉ DE GLOCESTER.

CHATEAU DE THOREBURY, COMTÉ DE GLOUCESTER.
Façade du Sud — Détails des Fenêtres en arcade du 1.er Étage et du Rez-de-Chaussée.

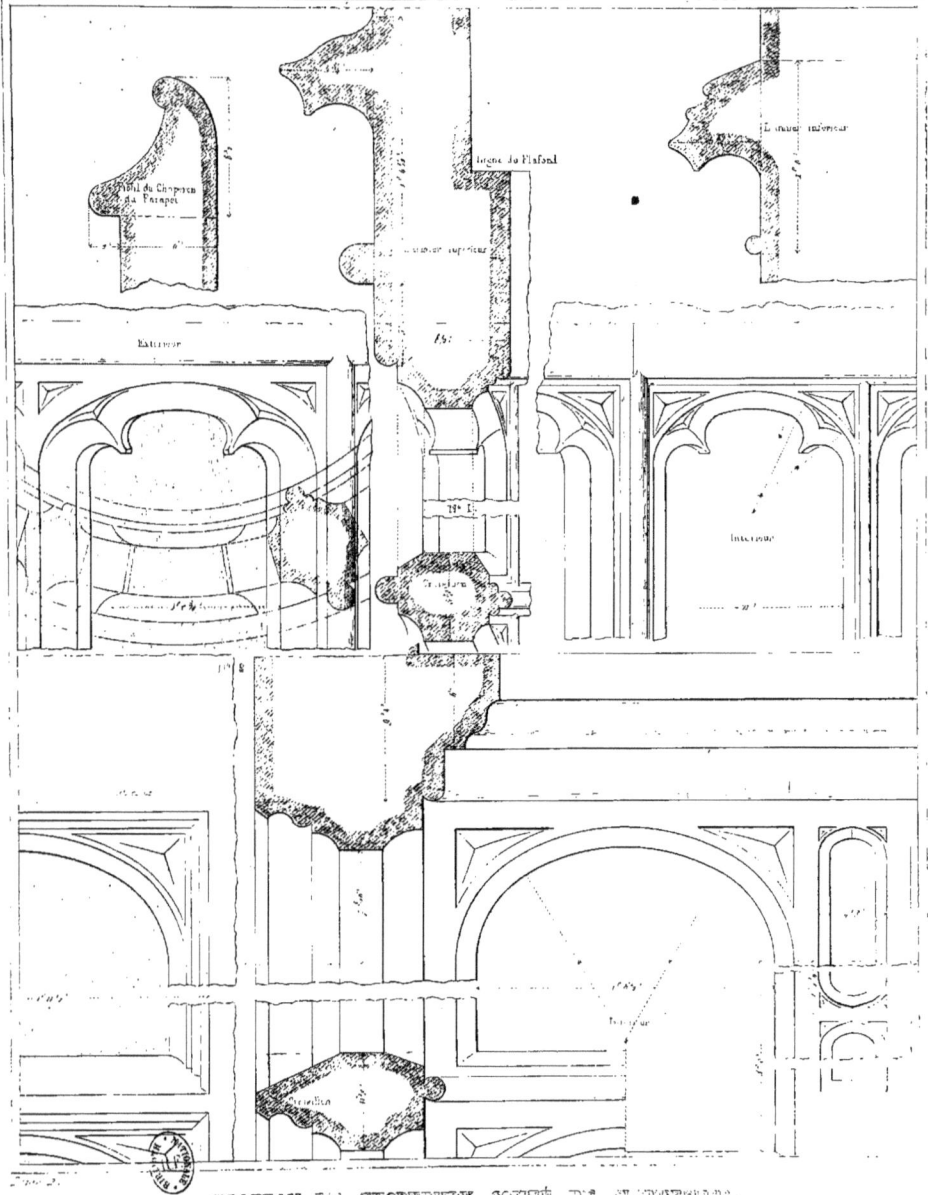

CHATEAU DE THORNBURY, COMTÉ DE GLOUCESTER.

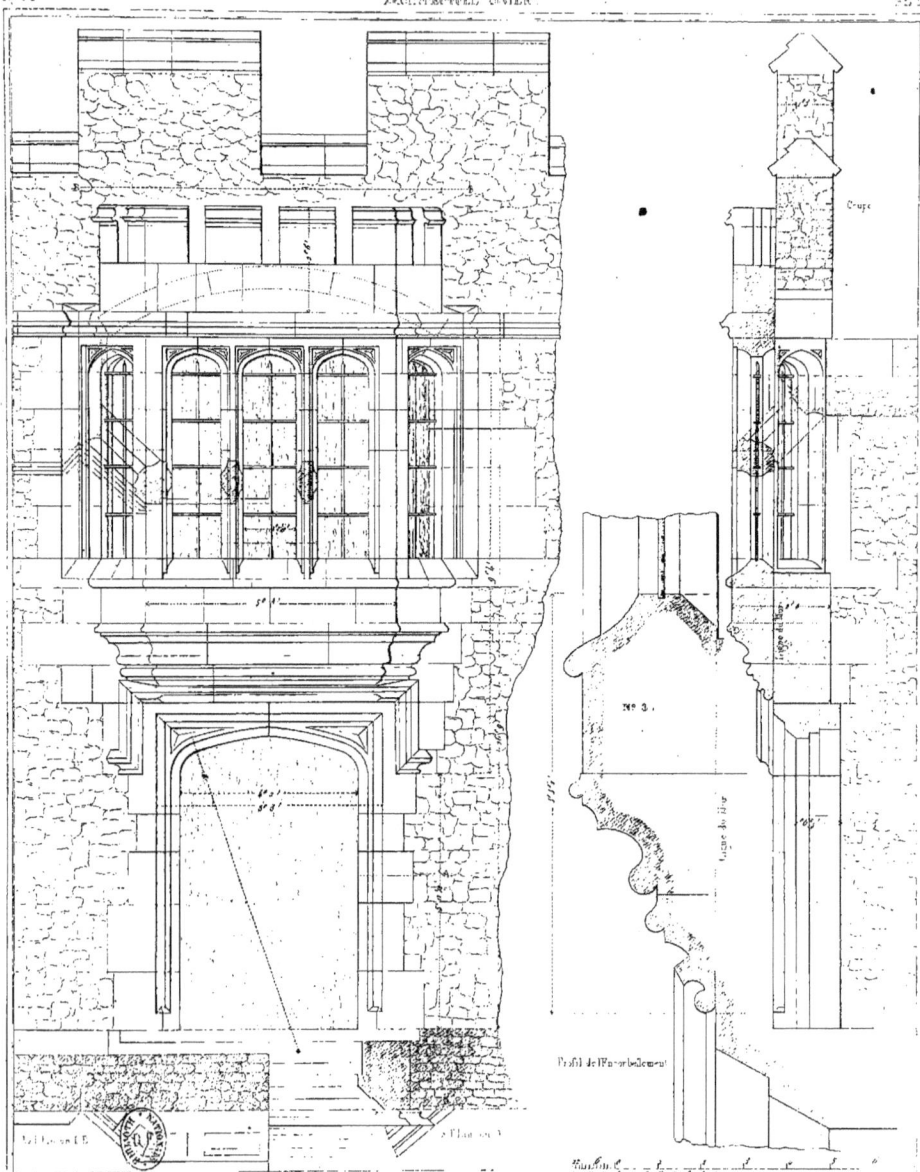

CHATEAU DE THORNBURY, COMTÉ DE GLOUCESTER
Élévation et Coupe de la Fenêtre en Encorbellement et de la Porte Sud du Cloître

ARCHITECTURE CIVILE.

Échelle de ½ Pouce pour 1 Pied.

Échelle des Détails 6 Pouces pour 1 Pied.

CHATEAU DE THORNBURY, COMTÉ DE GLOCESTER
Élévation Coupe et Détails de la Cheminée de la Halle

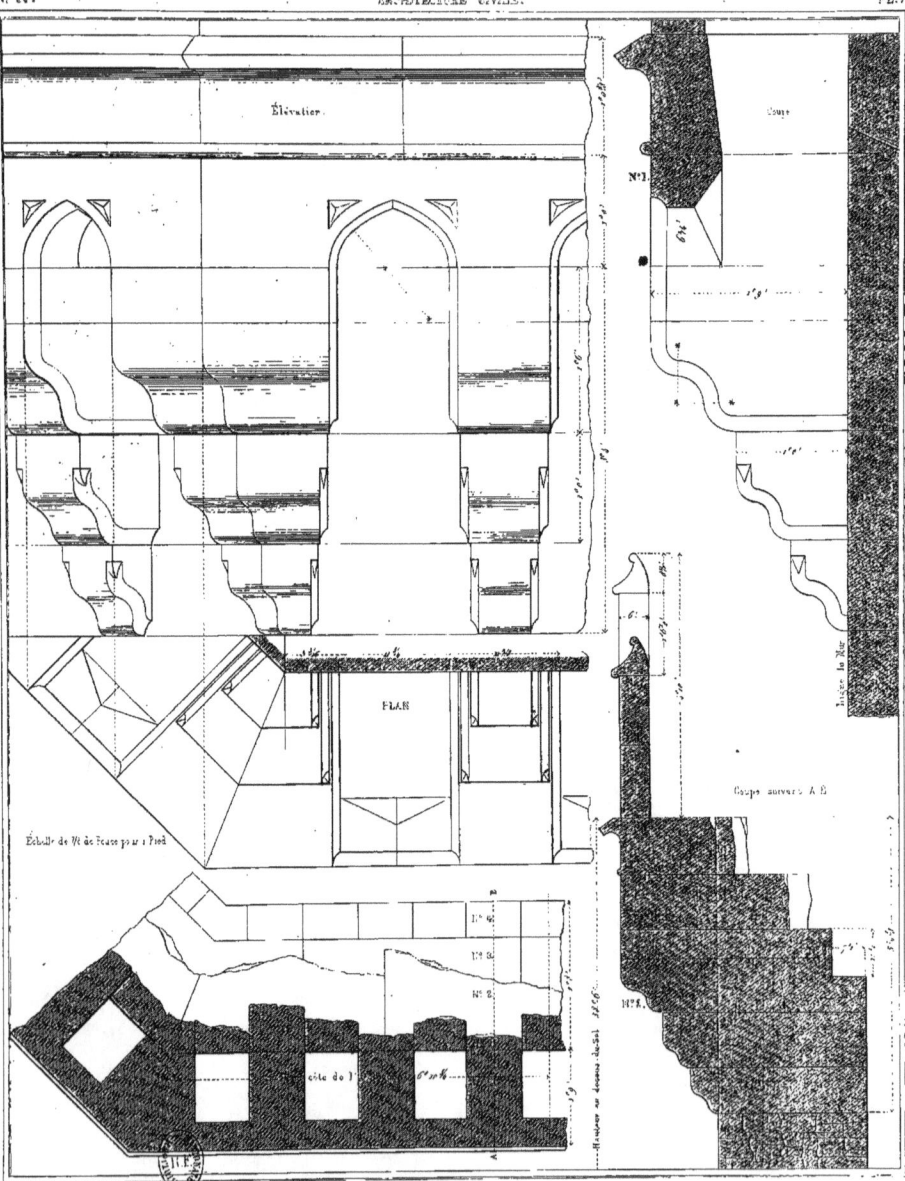

CHATEAU DE THORNBURY, COMTÉ DE GLOUCESTER.
Détails des Machicoulis de la Tour Octogone de l'Angle Sud-Ouest.

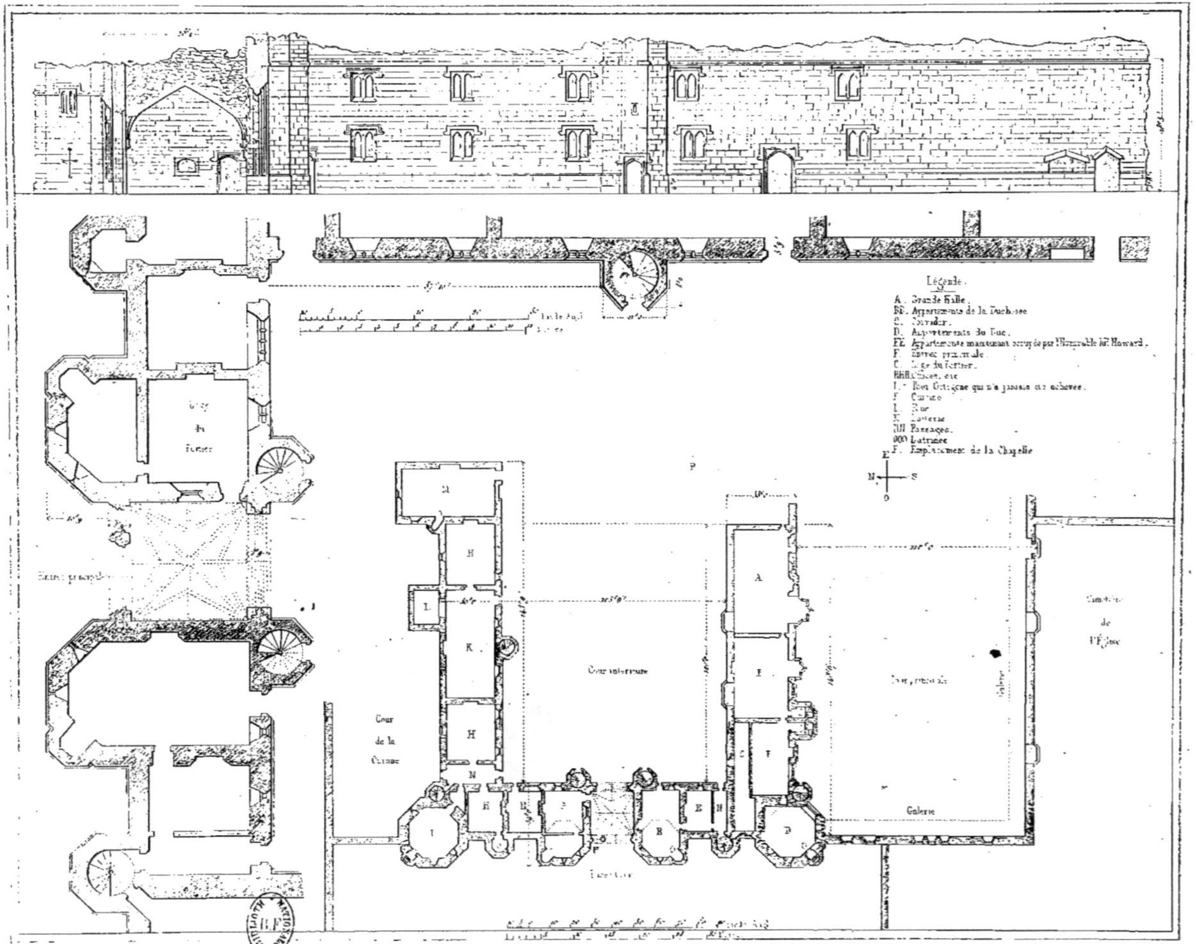

CHATEAU DE THORNBURY, COMTÉ DE GLOCESTER

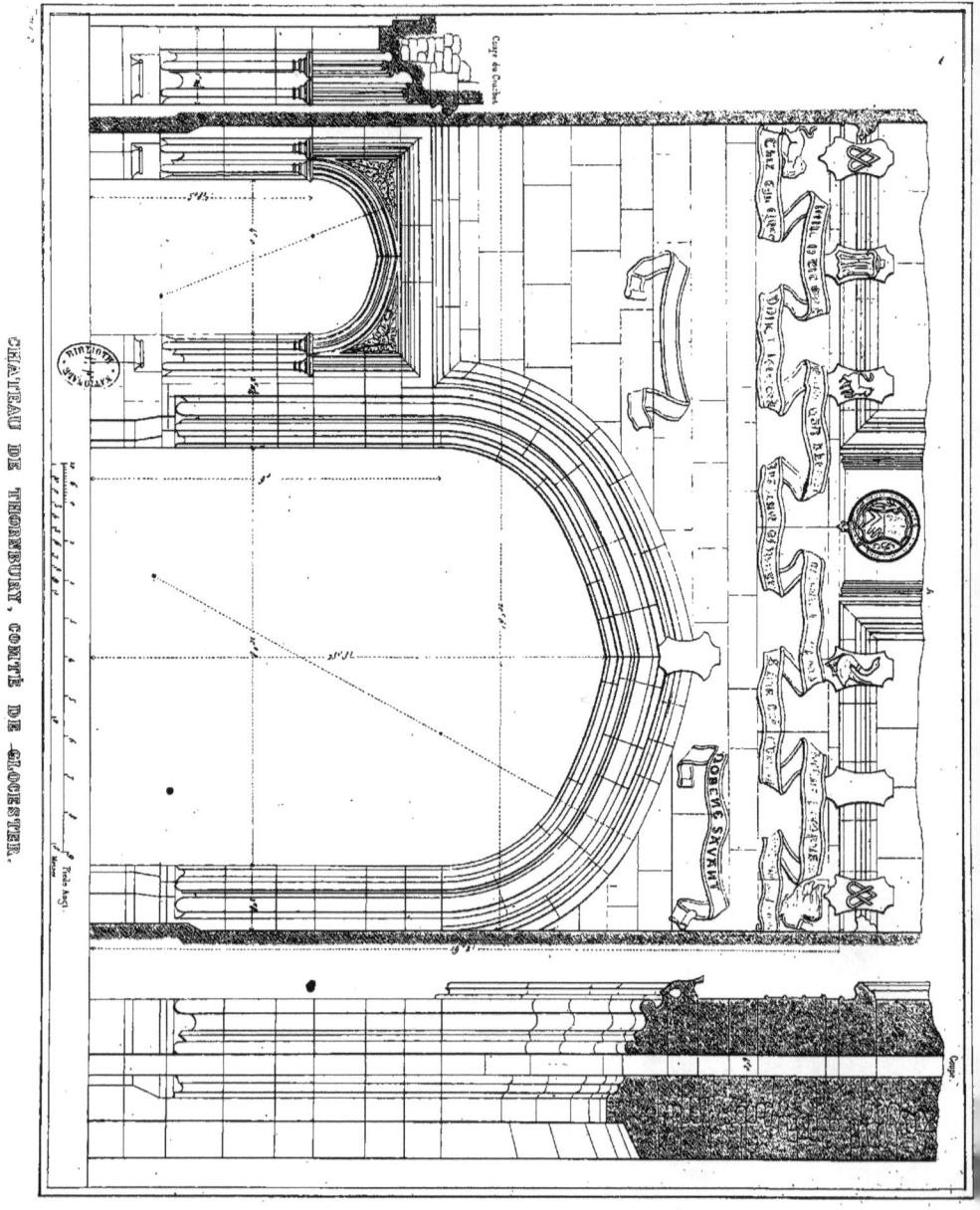

CHATEAU DE THORNBURY, COMTÉ DE GLOCESTER.
(Élévation et Coupe de la Porte d'Entrée et de son Couchet. Façade du Couchant.)

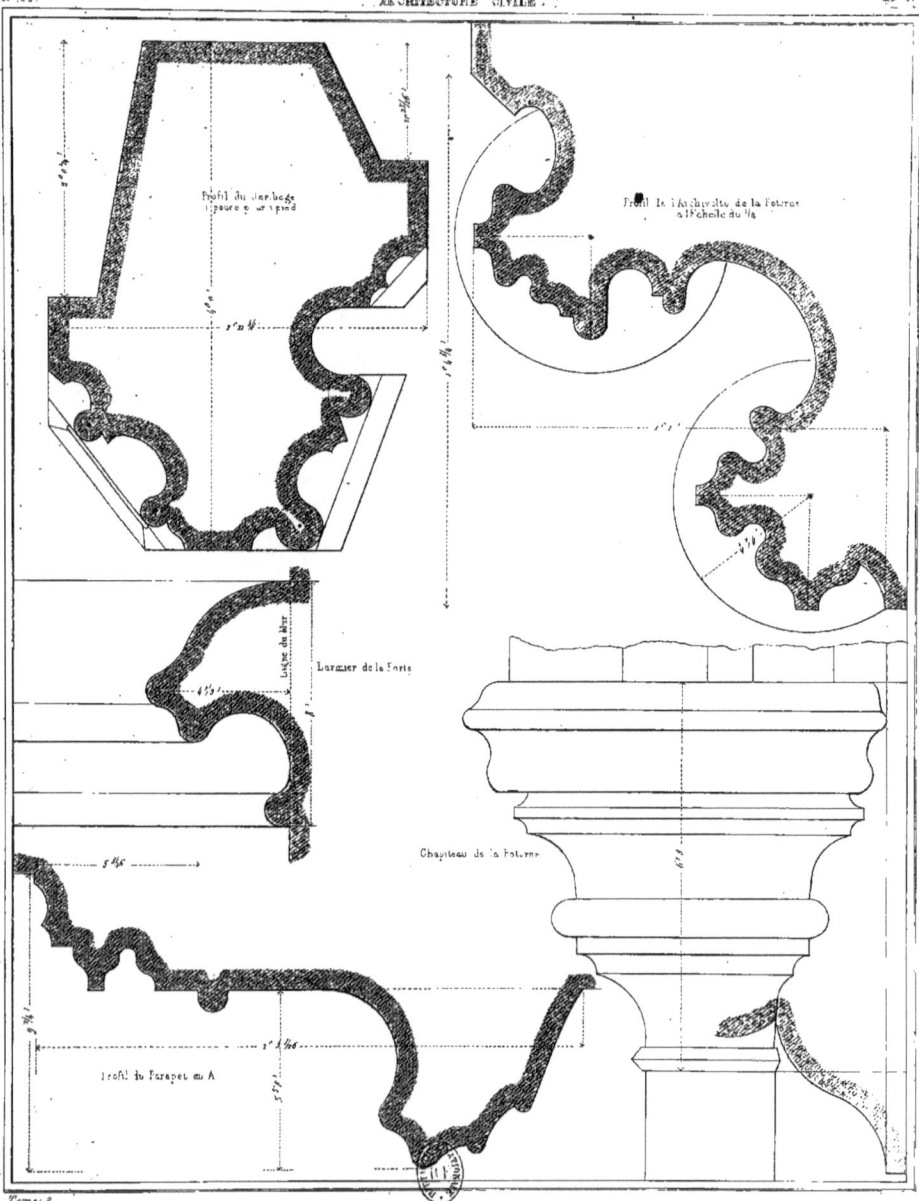

CHATEAU DE THORNBURY, COMTÉ DE GLOUCESTER.

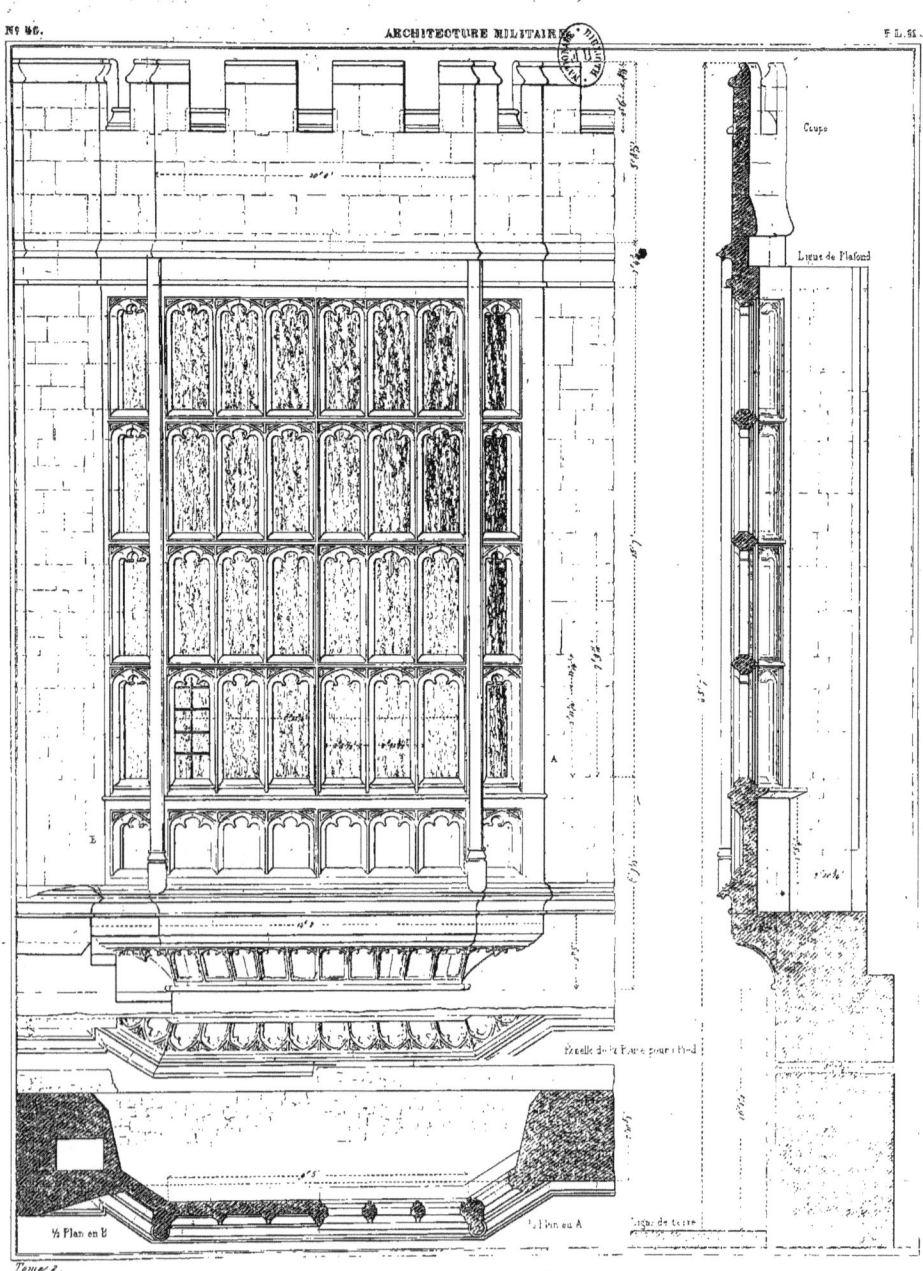

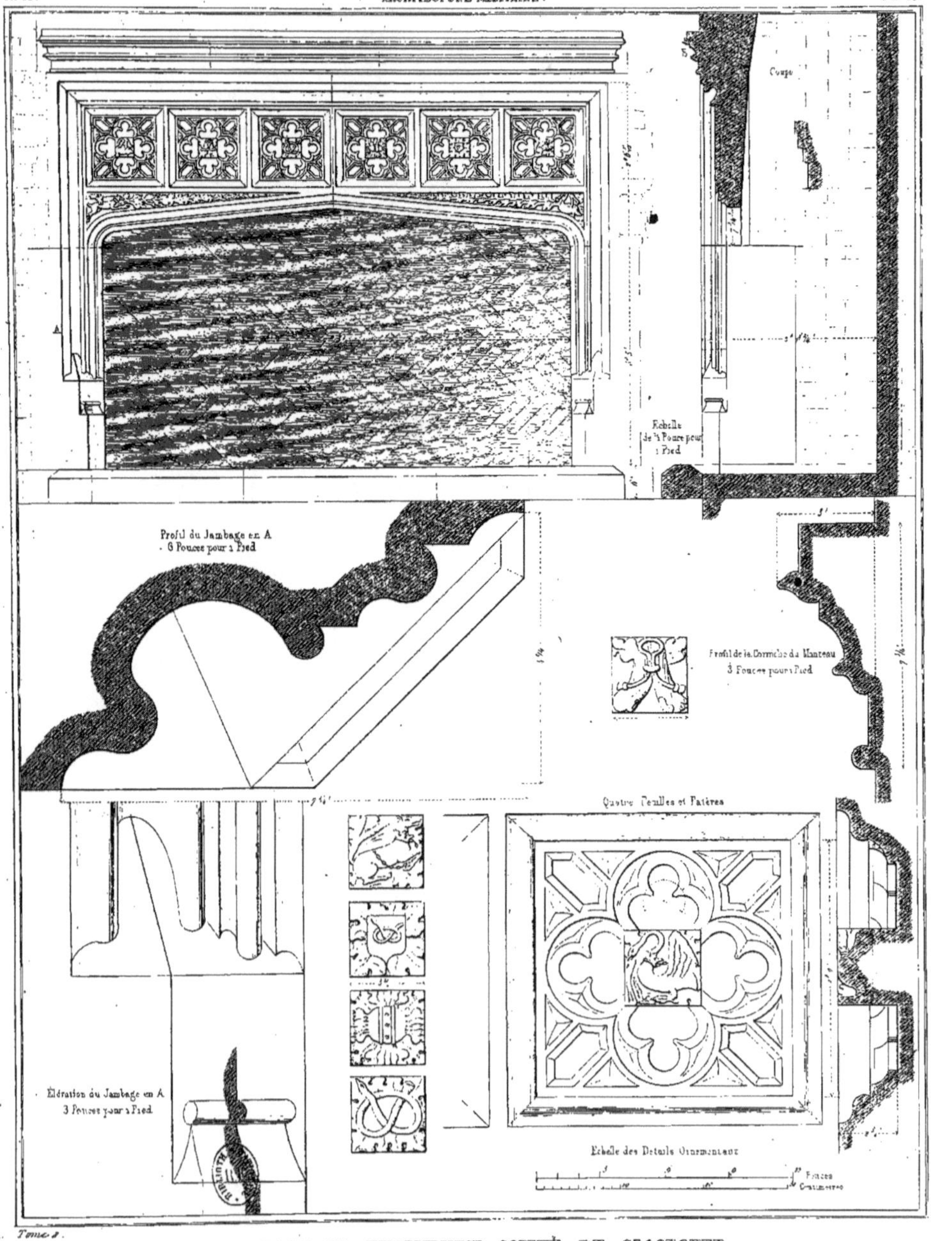

Tome 2.

CHATEAU DE THORNBURY, COMTÉ DE GLOCESTER.

CHATEAU DE THORNBURY, COMTÉ DE GLOCESTER.

Porte intérieure de l'un des Appartements d'apparat.

F. Noblet, Éditeur.

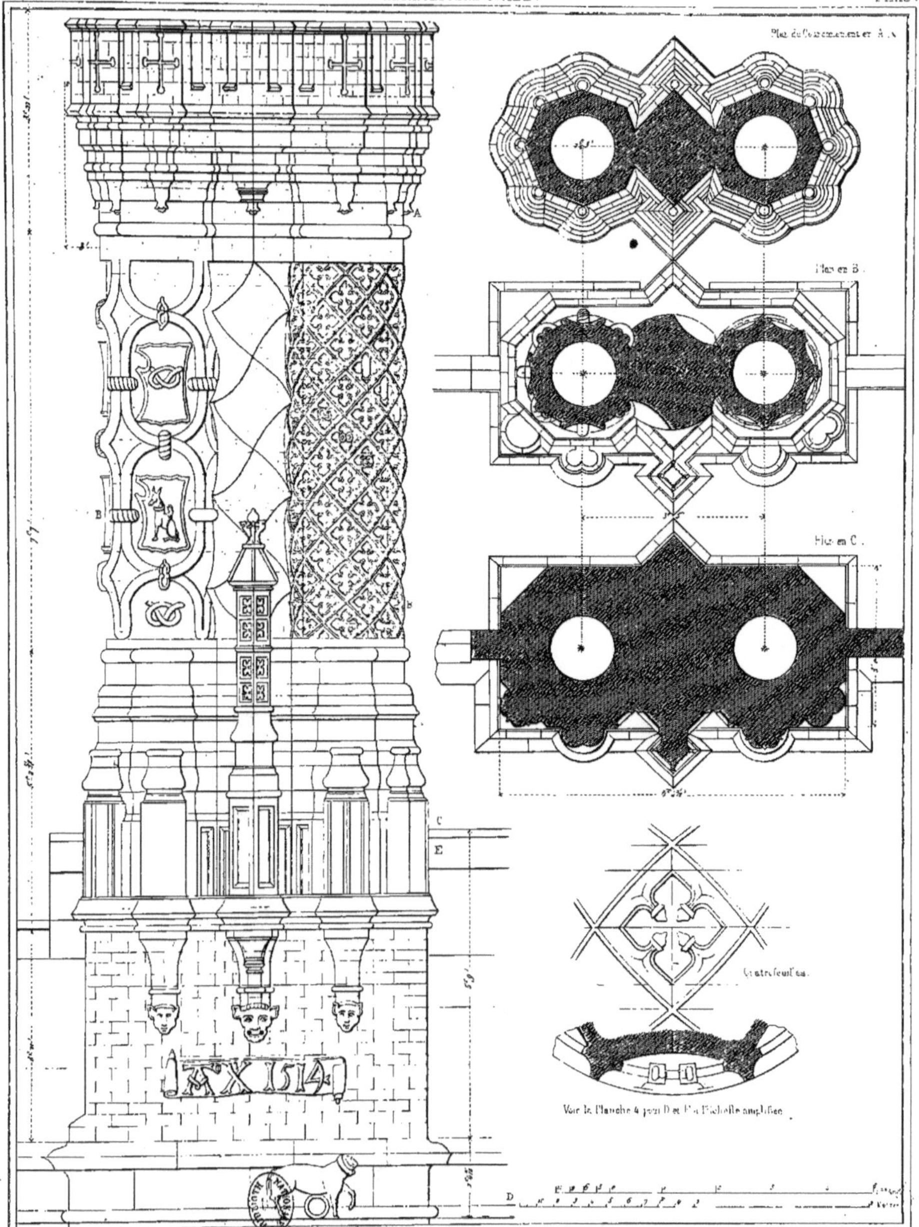

CHATEAU DE THORNBURY, COMTÉ DE GLOCESTER.

MOUTIERS DE WELLES.
Elévation et Plan de la Façade du Nord

ARCHITECTURE CIVILE.

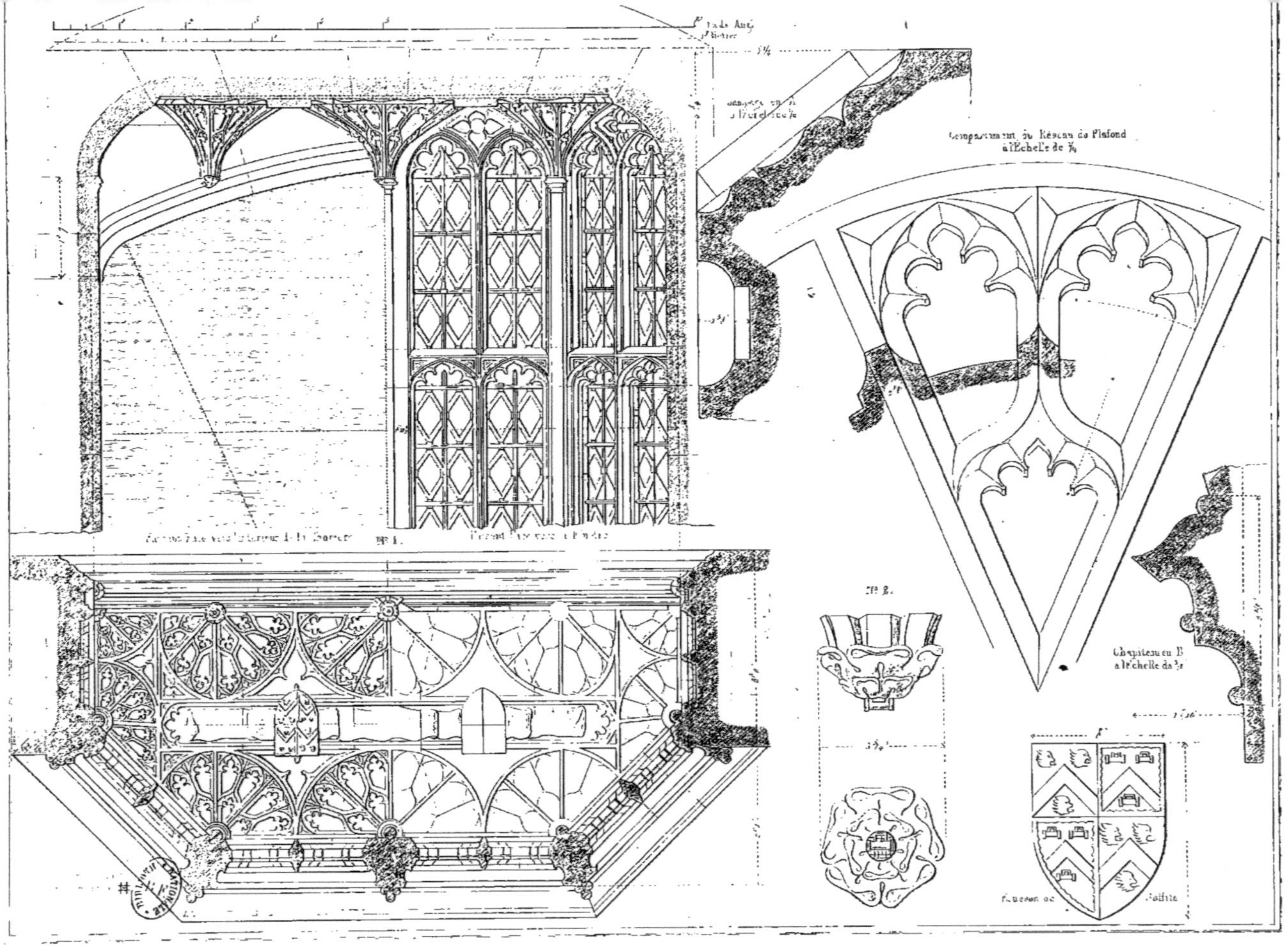

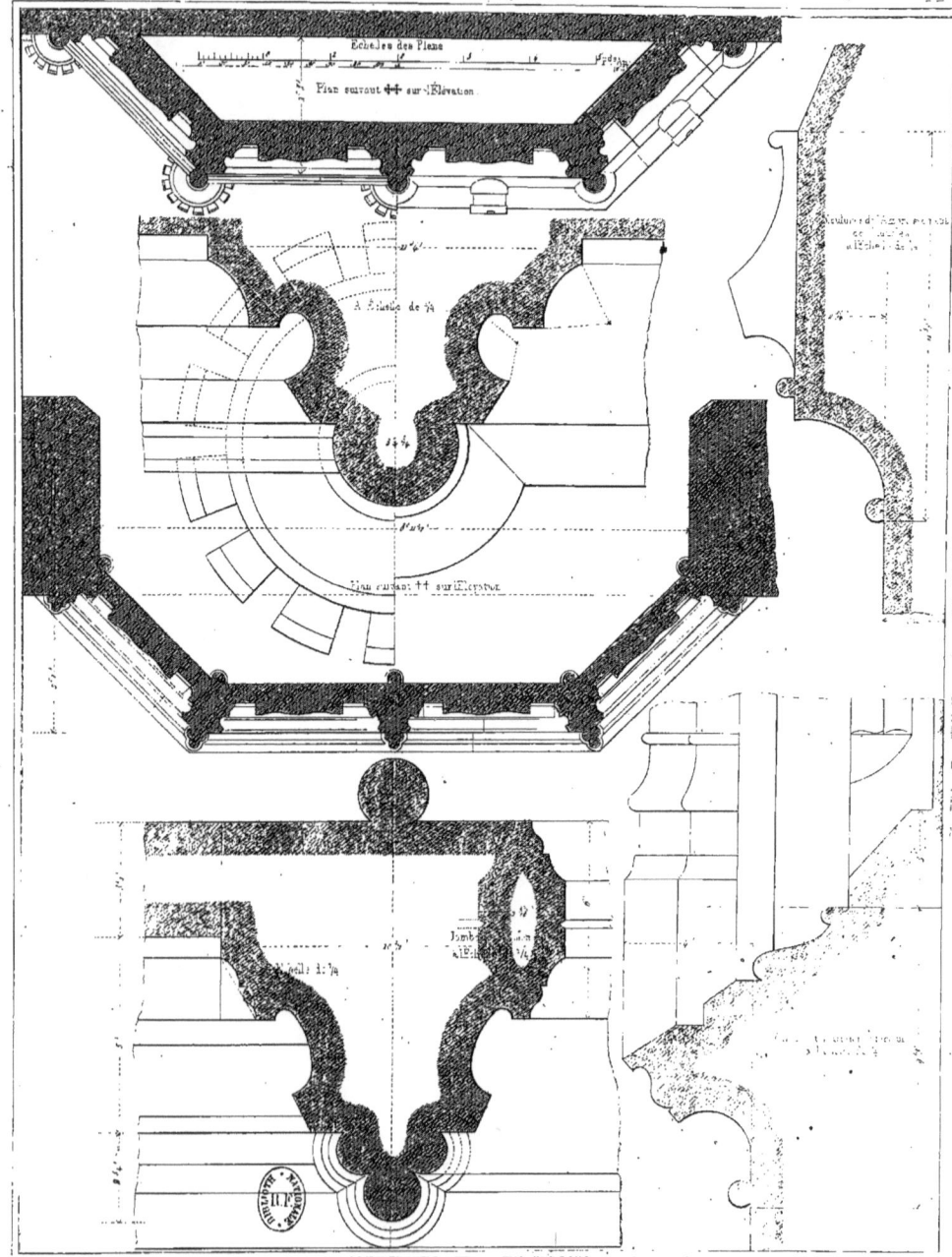

ARCHITECTURE CIVILE.

ROYAUME DE WELLS.
N°1 Façade du Sud. N°2 Plan, Élévation et Détails de l'une des Tourelles séculaires.

ARCHITECTURE CIVILE.

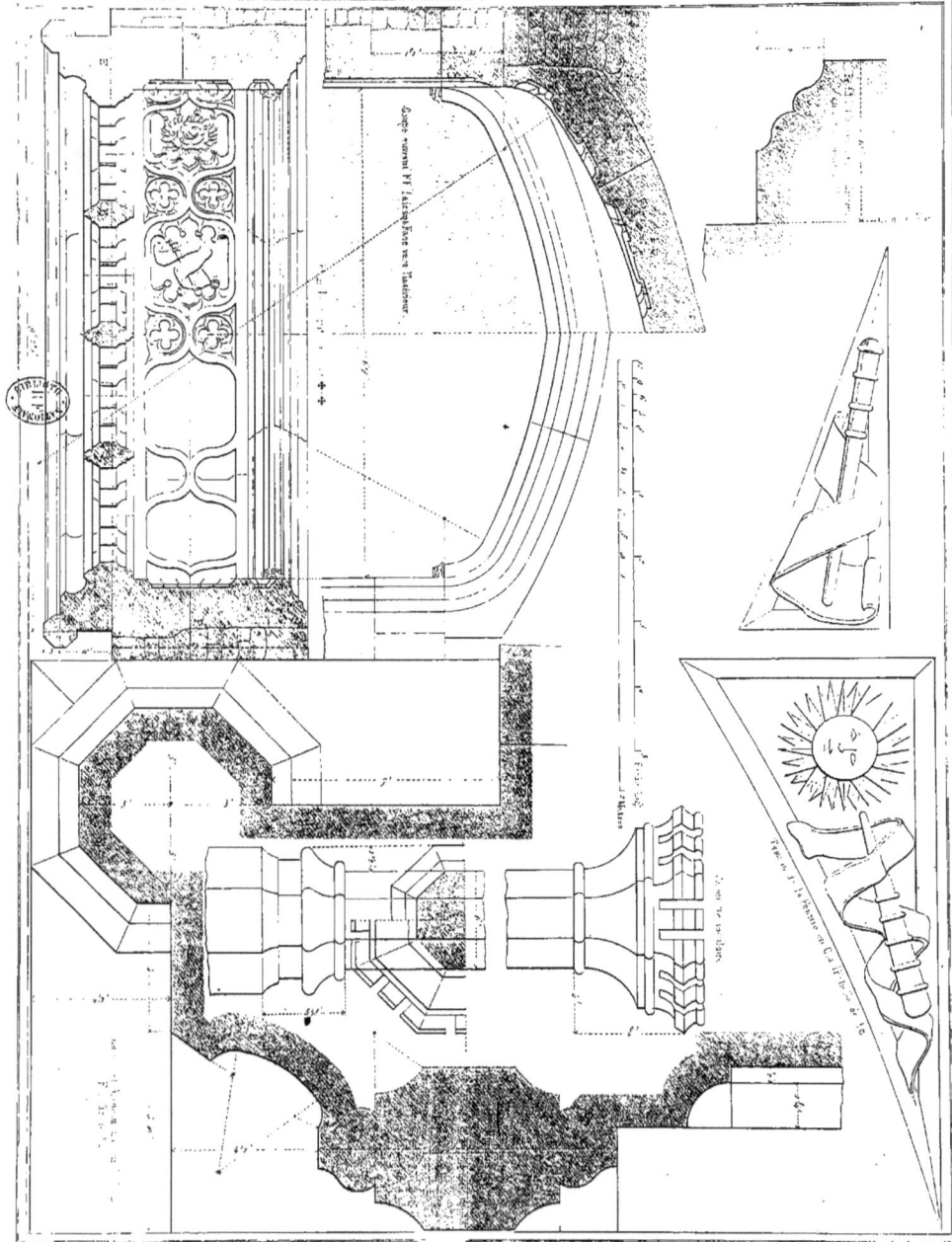

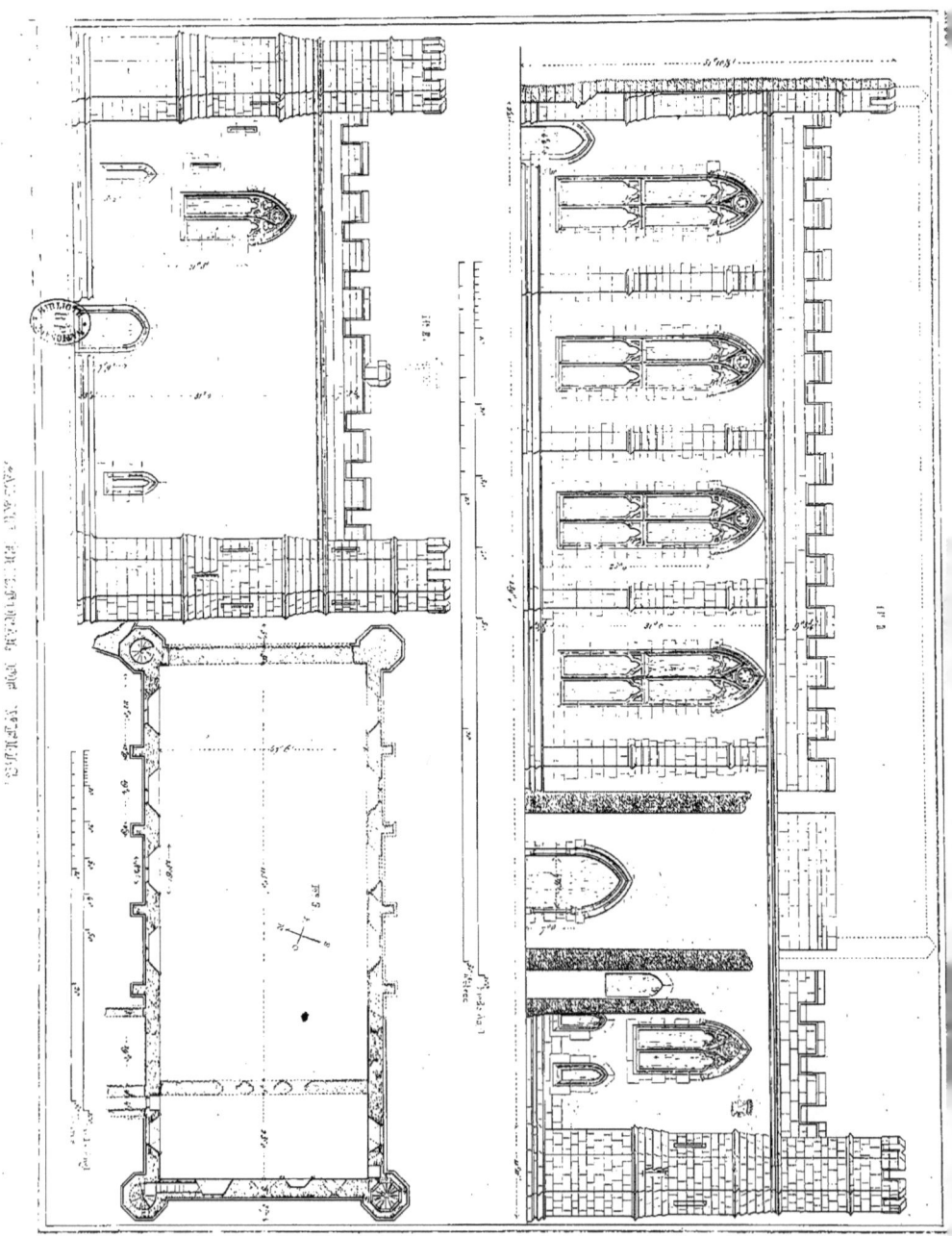

ARCHITECTURE CIVILE

PALAIS ÉPISCOPAL DE WELLS.

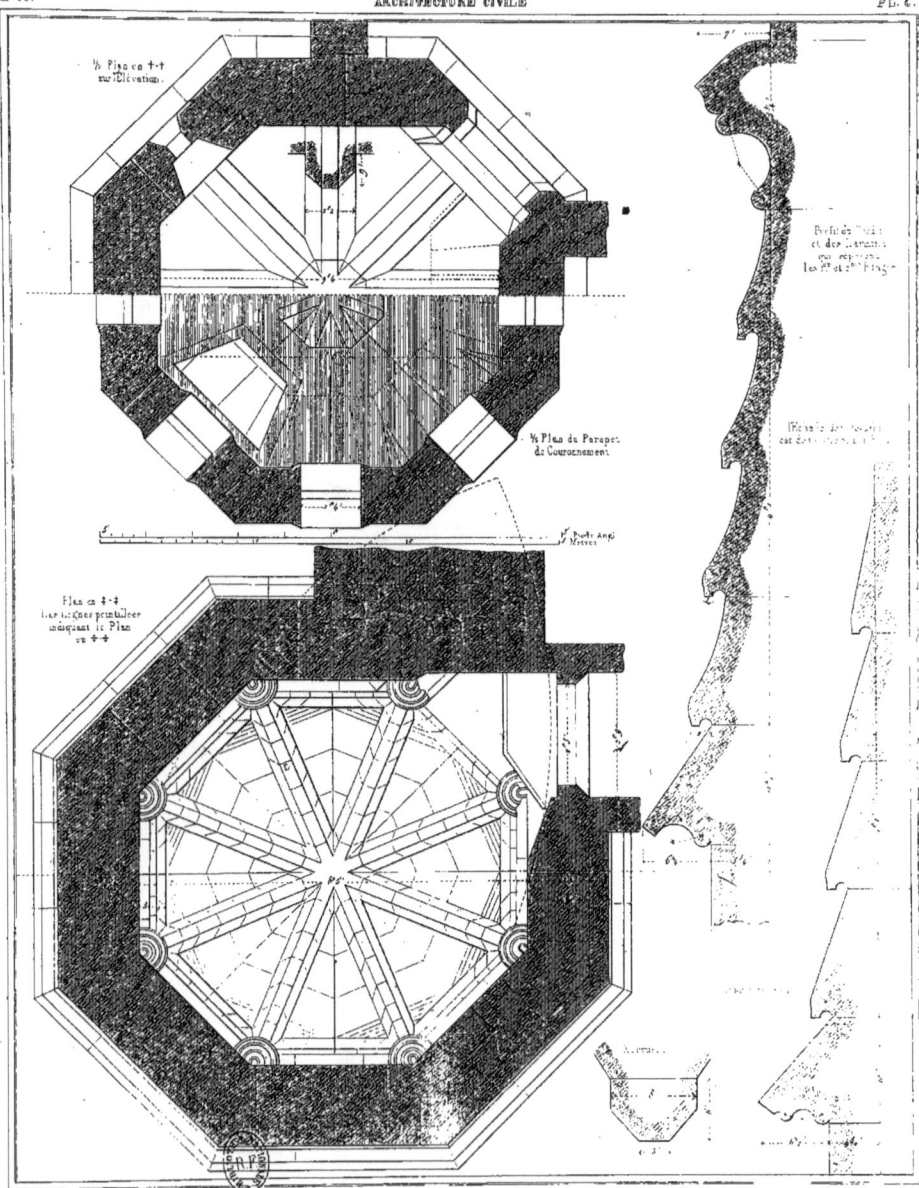

PALAIS ÉPISCOPAL DE WELLS

Élévation, Plan, Coupe et Détails de la Cheminée du vestibule

[illegible], Éditeur

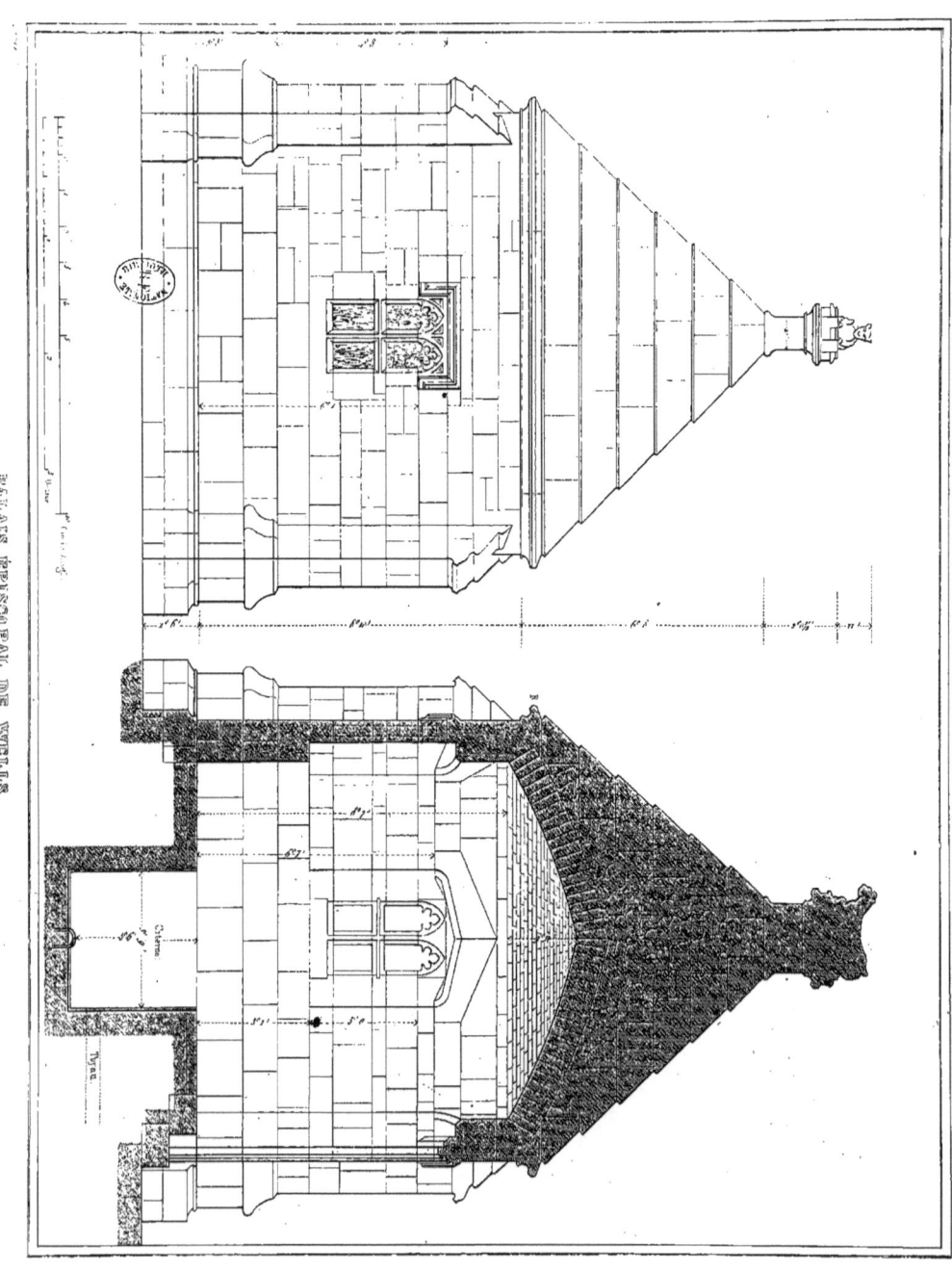

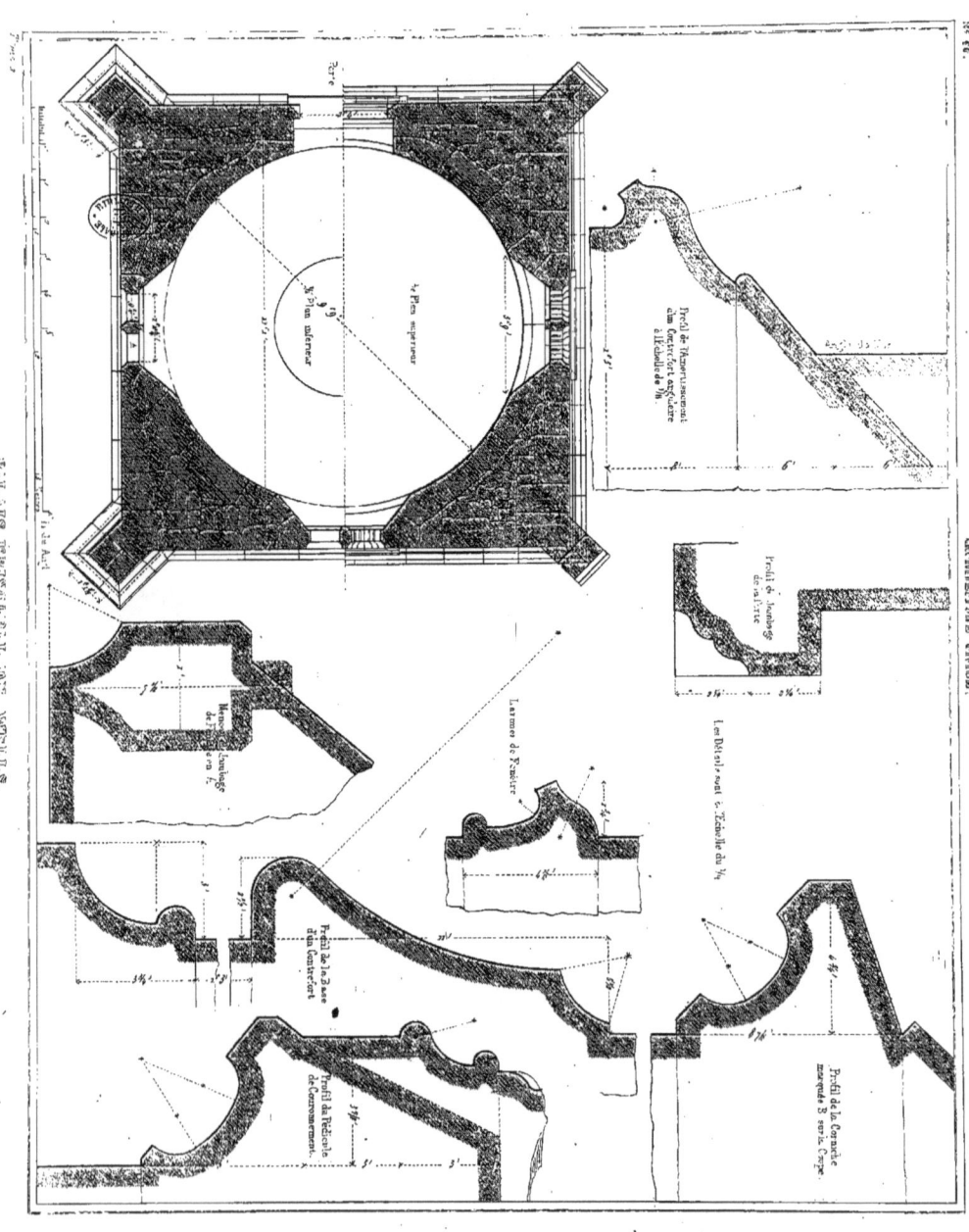

ARCHITECTURE CIVILE.

Le Plan vu à l'envers du berceau

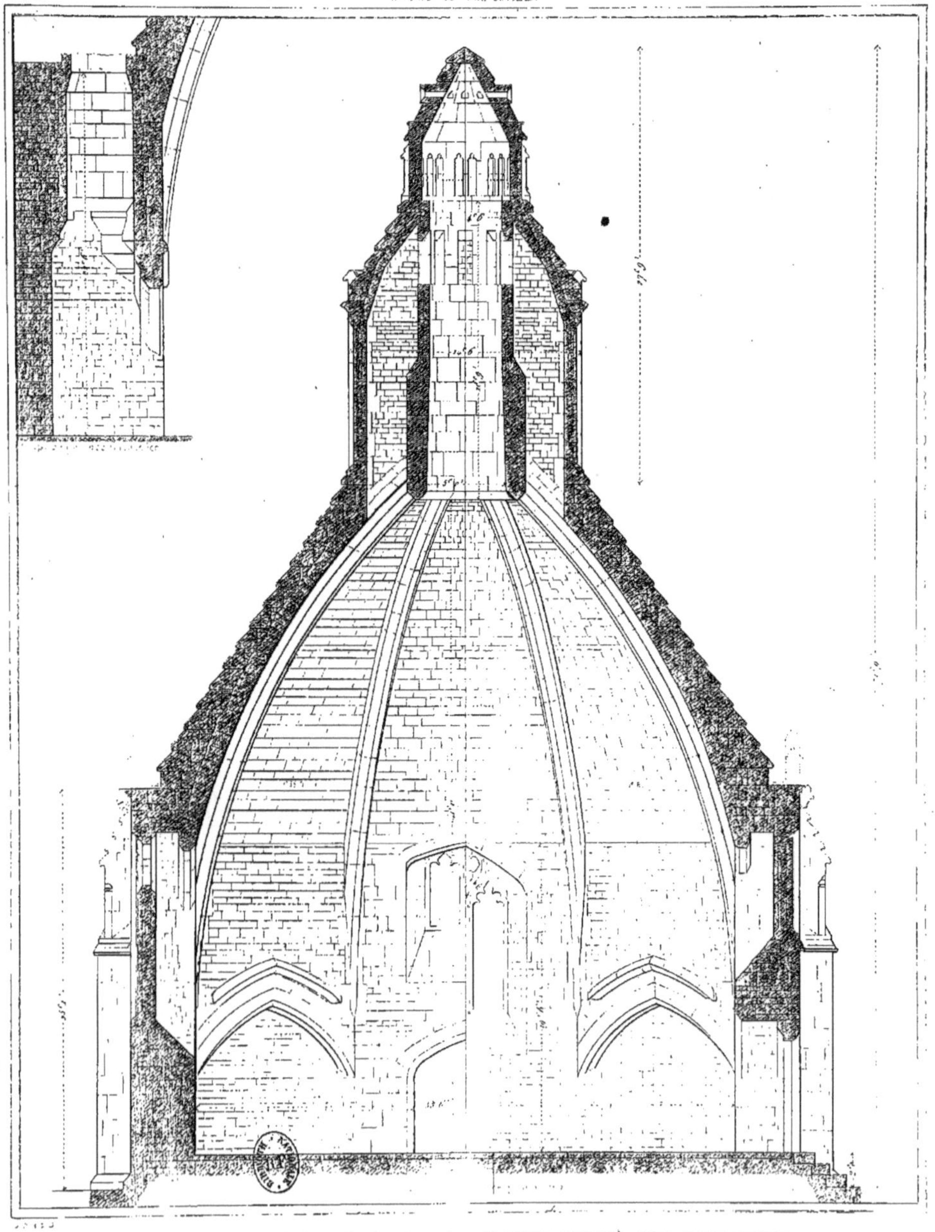

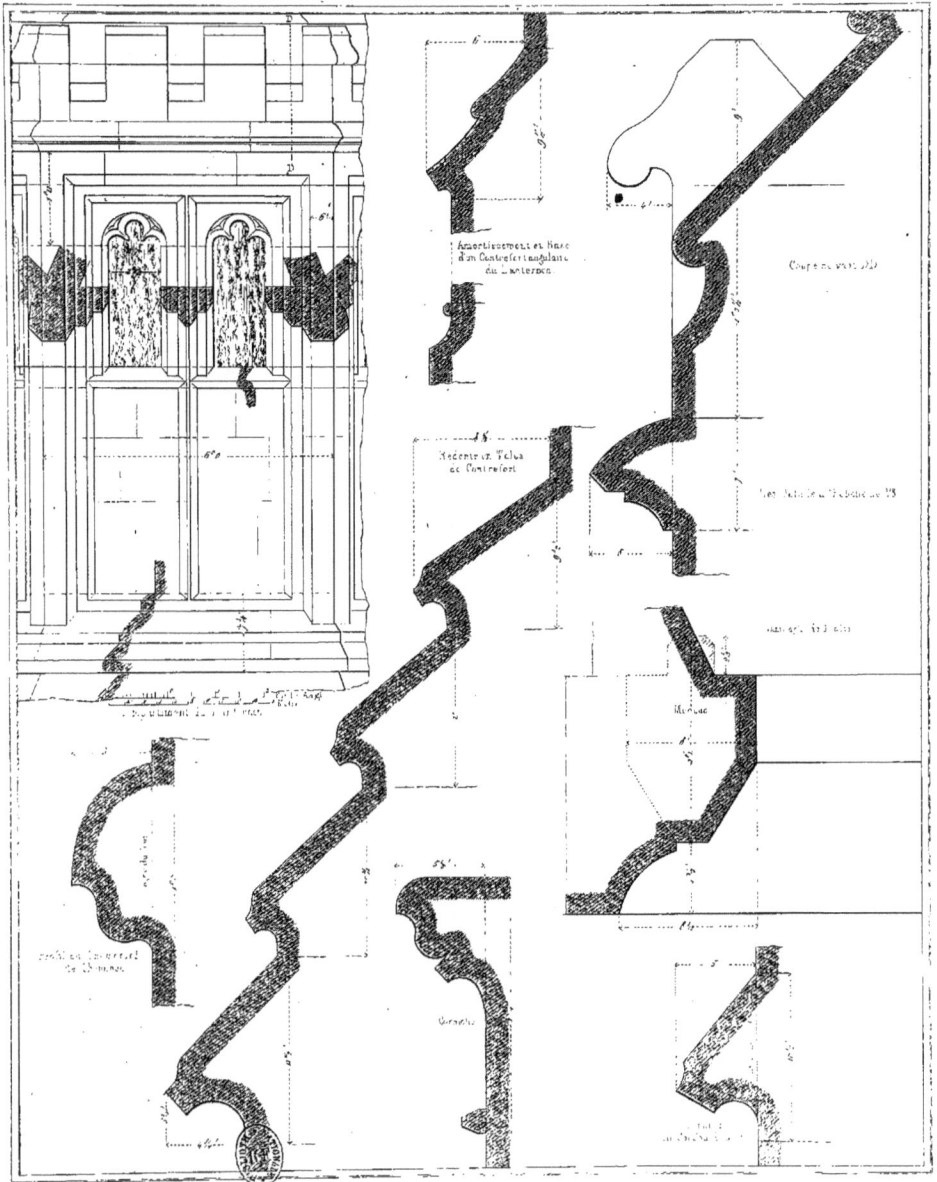

DÉTAILS DE LA CUISINE DE L'ABBÉ

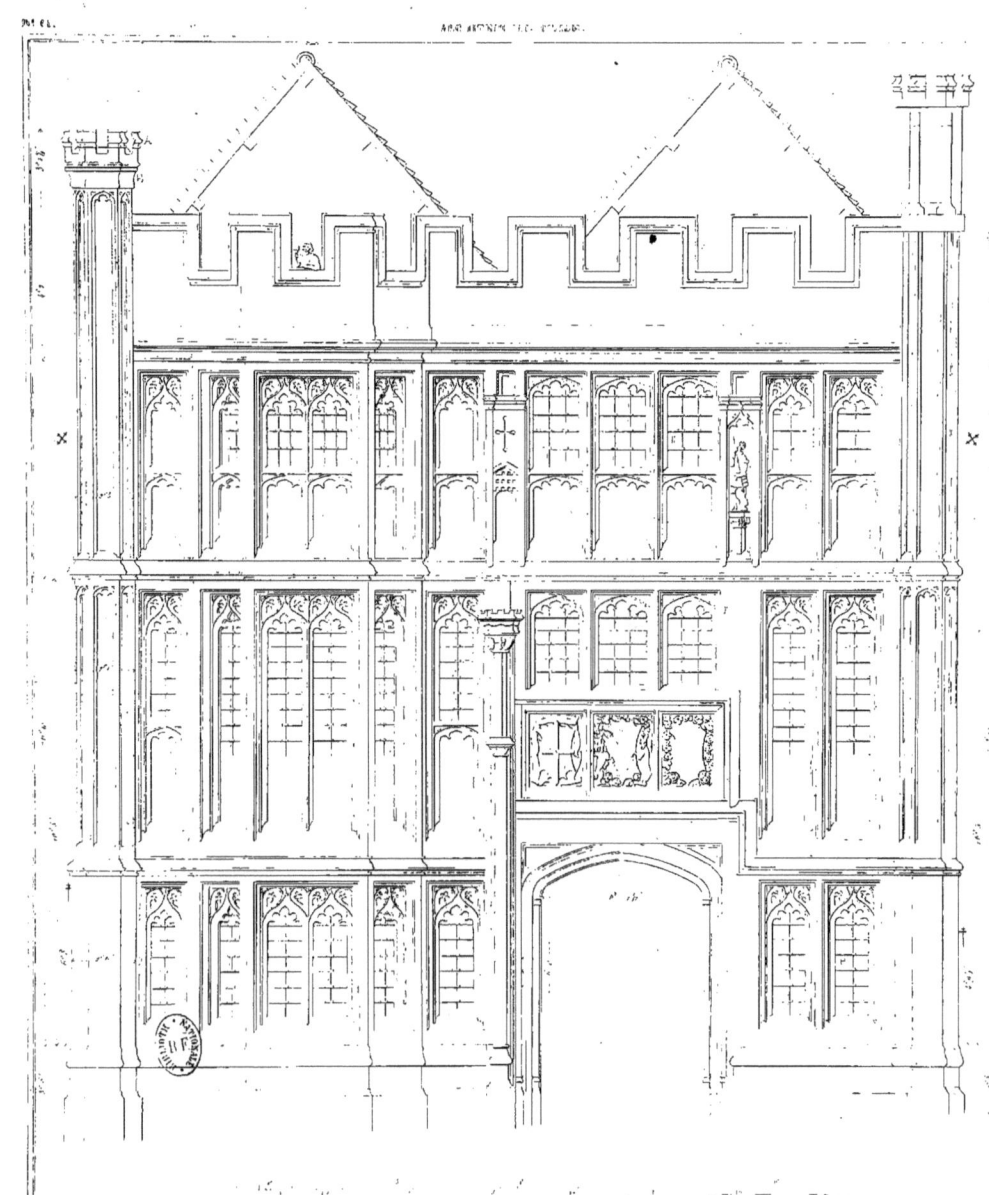

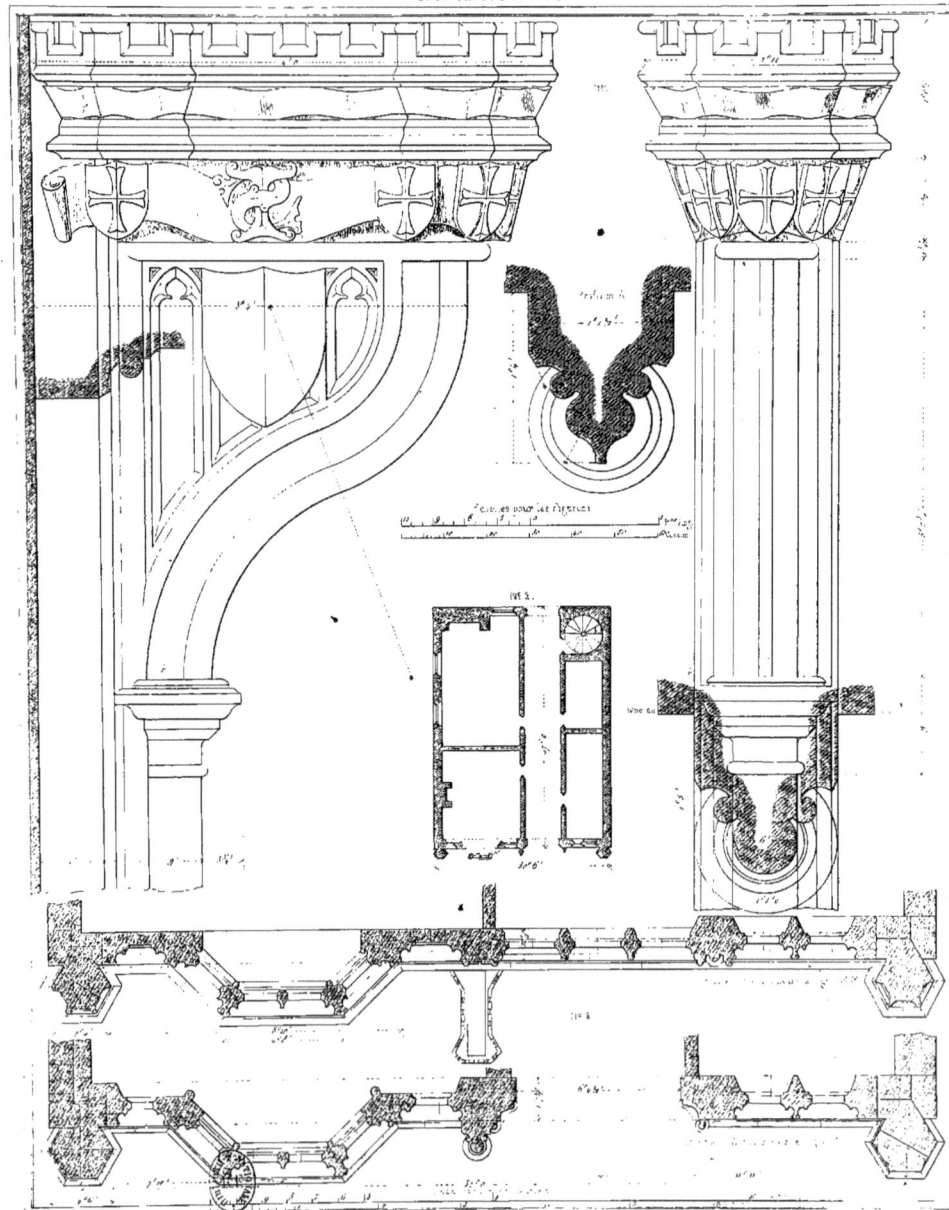

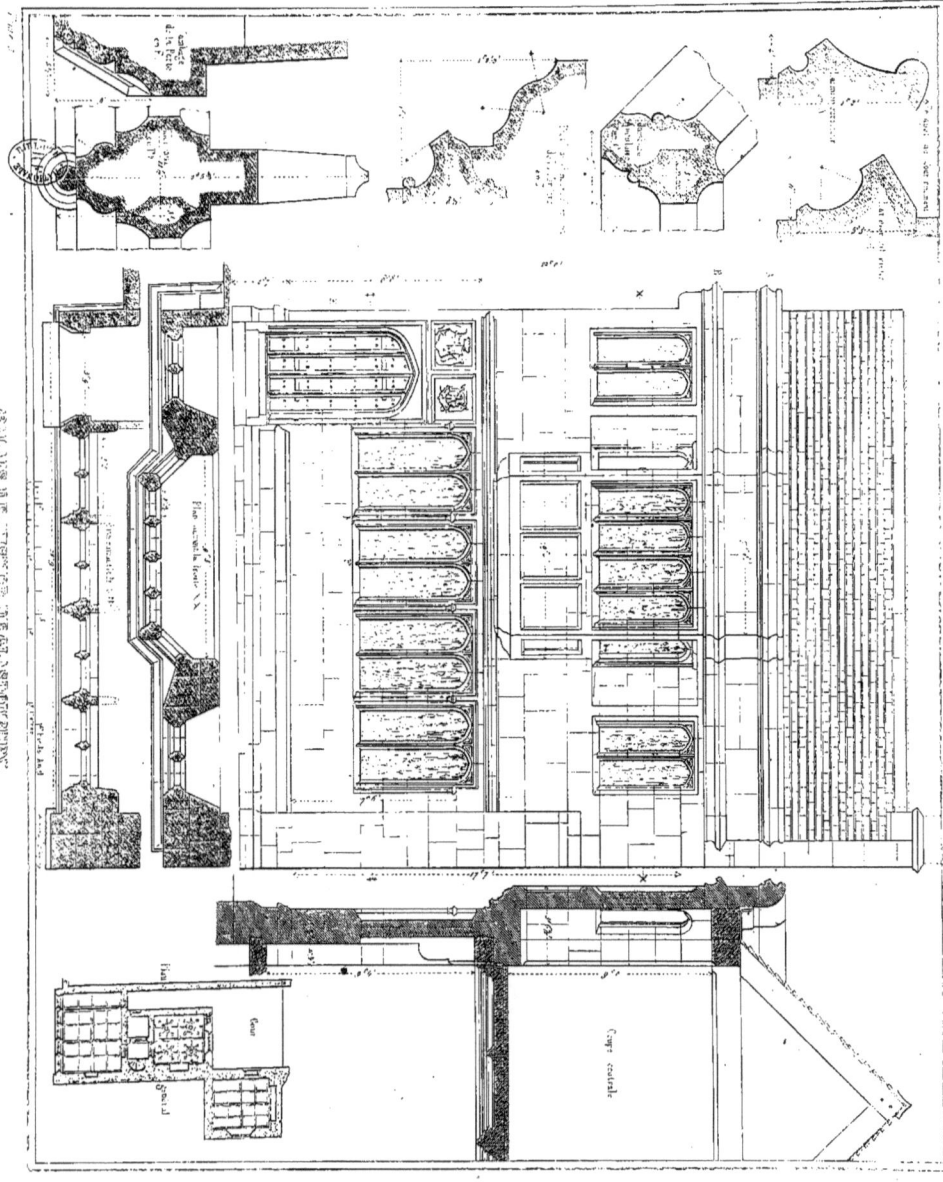

PLAN DE L'ÉGLISE A GLASTONBURY

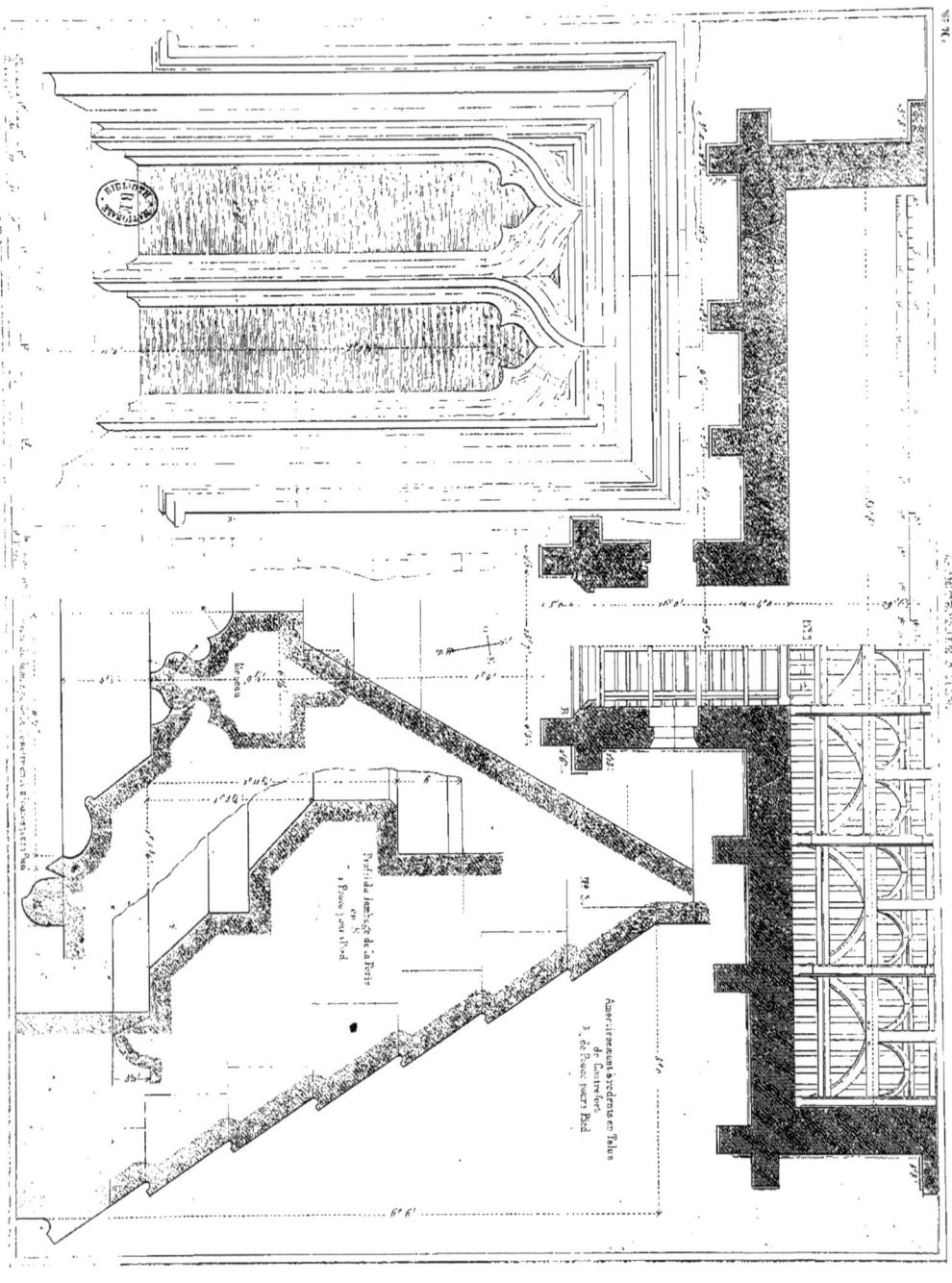

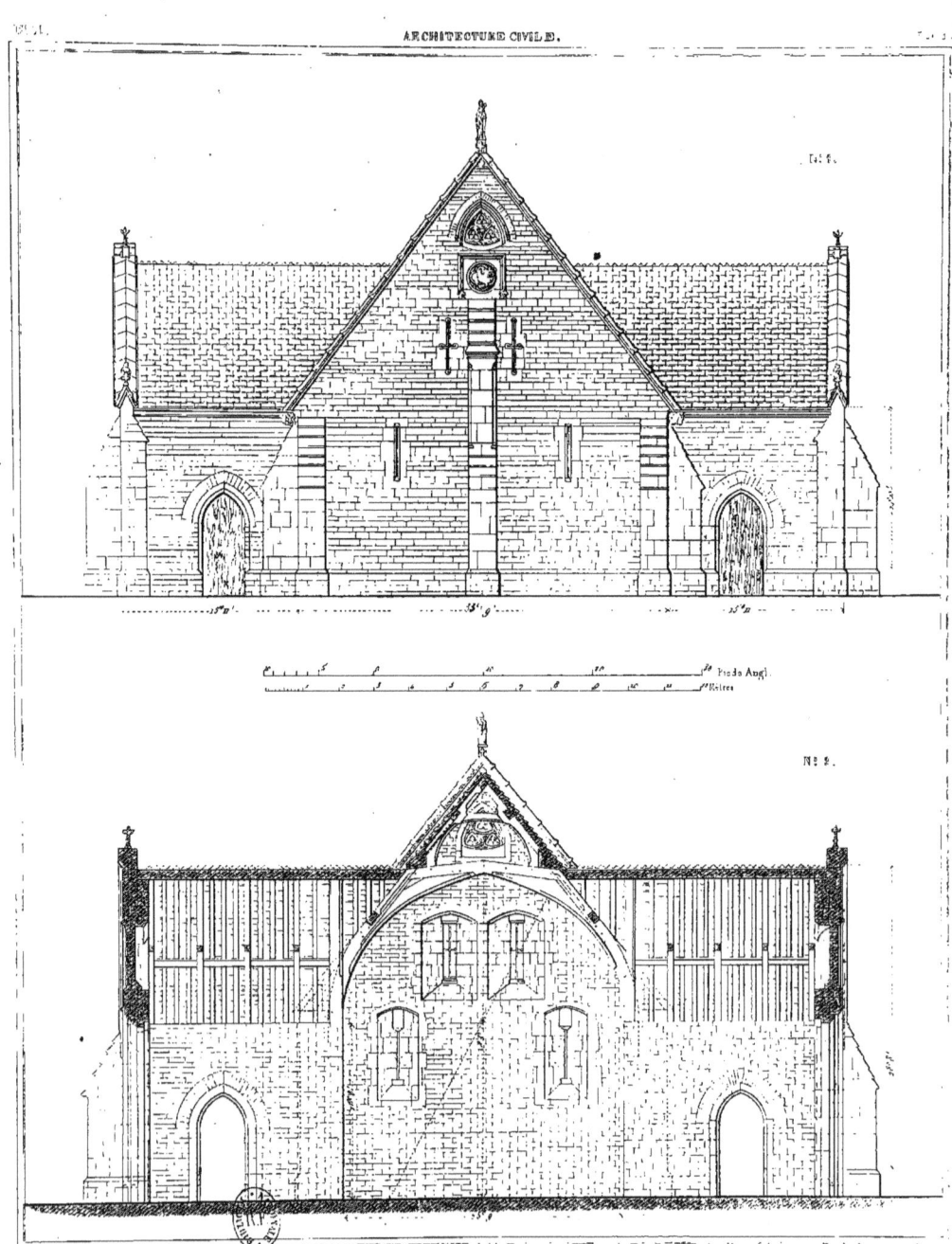

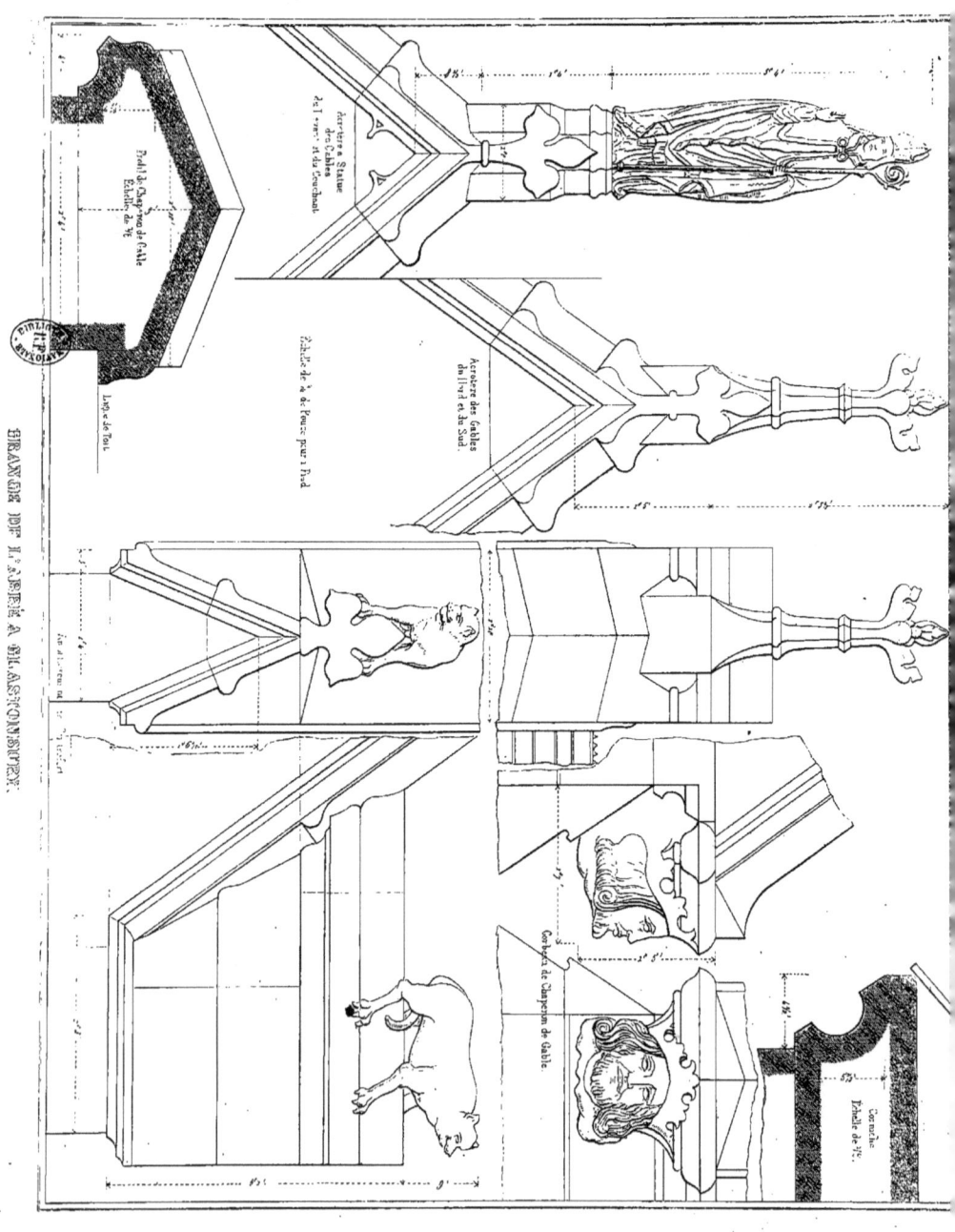

www.ingramcontent.com/pod-product-compliance
Lightning Source LLC
Chambersburg PA
CBHW070523170426
43200CB00011B/2307